우리말, 지친 어깨를

토닥이다

우리말, 지친 어깨를
토닥이다

발행	2014년 6월 5일 1쇄
	2014년 11월 27일 2쇄
지은이	조현용
펴낸이	박민우
기획팀	송인성, 김선명, 박민하
편집팀	박우진, 박영숙, 김영주, 김정아, 최미라
관리팀	임선희, 정철호, 김성언, 라영일, 권주련
펴낸곳	(주)도서출판 하우
주소	서울시 중랑구 망우로 68길 48
전화	(02)922-7090
팩스	(02)922-7092
홈페이지	http://www.hawoo.co.kr
e-mail	hawoo@hawoo.co.kr
등록번호	제306-2004-22호

값 12,000원
ISBN 978-89-7699-968-9 03710

이 책은 저작권법에 따라 보호받는 저작물이므로 무단전재와 무단복제를 금지하며,
이 책 내용의 전부 또는 일부를 이용하려면 반드시 저작권자와 도서출판 하우의 서면 동의를 받아야 합니다.

우리말, 지친 어깨를

토닥이다

우리말로 세상을 만나다
치유의 우리말

| 조현용 |

| 책머리에 |

예전에 둘째 아이가 슬픈 일은 단기 기억에, 기쁜 일은 장기 기억에 저장해 두면 좋겠다는 말을 한 적이 있습니다. 아이가 기억에 관한 책을 보다가 문득 던진 말이었는데, 참 좋은 말이라는 생각이 들었습니다. 그런데 우리 인간은 오히려 반대라고 합니다. 안 좋은 기억은 오래 남고, 좋은 기억은 금방 잊혀진다고 합니다. 안타까운 일이죠.

안 좋은 일이 오래 기억되는 것은 아마도 집착 때문이라는 생각이 듭니다. 잊으려고 노력하는 것조차 집착이 됩니다. 그저 흘러가게 두어야 할 텐데, 마음은 우리 생각대로 되지 않습니다. 우리는 가슴에 걸린 생각의 조각을 자꾸 되새기며 기억하게 됩니다. 내 몸과 마음속의 찌꺼기는 온통 그 생각의 조각에 머물게 되고 괴로움으로

커집니다. 흘려보냈다고 생각하지만 문득 떠올라 다시 고통이 됩니다. 가슴에 걸려 있는 조각이나 찌꺼기를 살짝 들어내는 일이 필요합니다. 시냇물이 썩은 낙엽 하나 때문에 물까지 썩어 가는 것과 같은 이치라 할 것입니다. 그래서 무언가 걸려 있는 느낌일 때 우리는 가슴을 치게 되는 것 같습니다. 답답한 일이죠.

어릴 때 배가 아프면 어머니는 배를 문질러 주셨습니다. 어머니의 따뜻한 손과 걱정하는 마음이 고스란히 전달되고, 저는 스르르 잠이 들었습니다. 어느새 배 아픈 것도 다 나았습니다. 어머니의 정은 손의 기운뿐만이 아니라 마음을 통해서도 전달되었을 겁니다. 걱정의 마음이 치유의 능력으로 이어졌을 겁니다. 아이가 아프면 부모는 아이보다 더 고통스럽습니다. '어머니, 아버지'라는 단어만

들어도 눈물이 고이는 것은 '나를 예뻐해 주시던 그 마음, 더 예뻐해 주실 수 없어서 안타까운 그 마음'이 느껴지기 때문일 겁니다.

위로의 가장 좋은 방법은 아마도 아무 말도 하지 않는 것일 겁니다. 그래서 우리는 심지어 위로의 말을 하면서도 '뭐라고 할 말이 없다.'고 합니다. 할 말이 없다는 말이 가장 절절한 위로가 되는 것입니다. 어쩌면 같이 울어주는 것만큼 큰 위로가 없을 겁니다. 위로의 다른 말은 사랑이 아닐까 합니다. 위로를 통해 우리가 더불어 살아가는 사람임을 다시금 기억하게 됩니다. 내가 혼자가 아니라는 생각만큼 강한 위로는 없는 듯합니다.

슬프고, 힘들고, 아프고, 답답하고, 외롭고, 괴롭

고, 견딜 수 없을 때 누군가 내 어깨를 살포시 감싸며 토닥여 주면 좋겠다는 생각을 합니다. 힘든 기억을 잊고, 힘을 내어 살아갈 방법은 서로에게 위로가 되는 일일 겁니다. 혼자서는 견딜 수 없는 일도 누군가와 함께라면 살아갈 용기를 얻을 수도 있을 겁니다. 저도 아픈 이들의 마음을 따뜻하게 토닥여 주고 싶습니다.

여러분 모두 아프지 않기를 바랍니다. 아파도 슬프지 않기를 바랍니다. 슬퍼도 외롭지 않기를 바랍니다. 제 글이 힘들고 지친 어깨에 작은 토닥임이 되기를 바랍니다.

2014년 어느 하루에
조현용 씀

차례

책머리에

|제1부|

나, 돌아보다

쉬다	14
내 코가 석 자!	18
나쁜 놈	22
진짜 가짜	26
값어치	30
최선(最善)	34
미치다	38
발이 넓다	42
감정의 고향	46
첫	50
자식(子息)	54
아버지	58
'피에타'와 '헬로 고스트'	62

| 제2부 |

우리, 둘러보다

생각 · 68
거짓 · 72
원수, 원쑤, 웬수 · 76
사이가 좋다 · 80
따라하다 · 84
토닥임 · 88
퇴계 선생 · 92
간디의 자서전 · 96
동네 목욕탕 · 100
친구 엄마의 목소리 · · · · · · · · · · · · · · · · · · 104
노후 준비(老後 準備) · · · · · · · · · · · · · · · · · 108
스마트폰 · 112
별 · 116
스펙(spec) · 120
일 · 125
관광(觀光) · 129

여행(旅行) · 133
군사부일체(君師父一體) · 137
선생과 스승 · 141
저녁놀 · 145
지옥(地獄) · 149
빌다 · 153
감정이입(感情移入) · 157
하얀 찔레꽃 · 161

|제3부|

그리고, 토닥이다

고맙다 · 166
내면에 말 걸기 · 170
의사소통(意思疏通) · 174
화법(話法) · 178
토론(討論) · 182
말 같은 소리 · 186
문맹(文盲) · 190
감동 주기 · 194
대화(對話) · 198
짜증내는 말하기 · 202
말을 듣다 · 206
싫은 소리하기 · 210
칭찬하기 · 214
편찮다 · 218

덕담(德談)	222
존경(尊敬)	226
넋 건짐 굿	230
고해(苦海)	234

|제4부|

모두, 한국어로 만나다

선진국(先進國)	240
중학교(中學校)	244
머리	249
1등	252
빨리 빨리	256
욕(辱)	260
느낌 아니까	264
다이얼	268
헐버트와 안중근	272
띵! 팽! 찡!	276
'ㅎ'과 'ㅋ'	280
성(姓)	284
숫자	288
사투리	292
책(冊)	296
애국가(愛國歌)	300

찾아보기	304

|제1부|

나, 돌아보다

쉬다 | 내 코가 석 자! | 나쁜 놈 | 진짜 가짜 | 값어치 | 최선(最善) | 미치다 | 발이 넓다 |
감정의 고향 | 첫 | 자식(子息) | 아버지 | '피에타'와 '헬로 고스트'

쉬다

세상의 아름다움을 깨닫는 시간

우리말의 '쉬다'가 '숨을 쉬는 것'과 '휴식'의 의미인 것은 흥미롭다. 휴식(休息)이라는 한자어에도 '쉬다'의 의미가 담겨 있다. 정확히 말하자면 휴식이라는 단어에는 몸이 쉬는 것과 숨을 쉬는 것이 합쳐져 있다. 즉, '휴(休)'는 나무 그늘 아래에서 쉰다는 의미이고 '식(息)'은 숨을 쉰다는 뜻이다. 쉬는 것을 노는 것이라고 생각하는 경우가 있는데 우리말의 '쉬다'는 전혀 다른 세상을 보여 준다.

우리는 바쁜 일이 끝났을 때 '한숨을 돌리다'라는 표현을 한다. '한숨'은 큰 숨을 쉰다는 의미로 걱정이 있을 때나 휴식을 취하게 될 때 하는 행위이다. 왜 걱정이 있으면 한숨을 쉬게 될까? 그것은 한숨이 치유의 행위이기도 하기 때문이다. 숨을 쉰다는 것이 곧 치유의 의미가 되기도 하는 것이다. 요즘 치유라는 말이 유행인데, 숨만 잘 쉬어도 지친 몸과 마음을 치유할 수 있다.

예전부터 우리는 숨을 쉬는 것을 중요하게 생각해 왔다. 단전호흡이나 복식호흡도 다 쉬는 행위이다. 자신의 호흡을 들여다보는 것을 명상이라고도 하고, 참선이라고도 한다. 이런 행위들은 모두 호흡 조절을 중요하게 생각한다. 요가나 간단한 스트레칭에도 호흡의 중요성은 매우 크다. 참선이나 명상을 하는 사람들은 깨달음과 비워냄을 위해서 치열하게 정진하는 것일지 모르나 내가 볼 때 그들은 참된 휴식을 하고 있는 것이다. 쉰다는 것은 단순히 논다는 의미가 아니다. 쉬는 것은 자신을 돌아보는 것이고, 마음을 가라앉히고 생각을 멈추어 보는 것이다.

따라서 쉰다고 하는 것은 숨을 돌리고 삶을 돌아보는 것이다. 쉬는 것이 바빠서는 안 된다. 어떤 사람은 쉴 때도 무척 바쁘다. 손에는 스마트폰을 놓지 못하고 있으면서 쉰다고 이야기한다. 현대 세상에서는 쉬는 것도 바쁘다. 쉴 때 할 일을 빼곡히 적어 놓기도 한다. 심지어 어떤 사람은 쉬면서 다음 일을 계획한다고도 한다. 정치인들도 휴가를 떠나며 무슨 구상을 한다고 하면서 가기도 한다. 차라리 푹 쉬고 돌아오는 게 낫지 않을까 하는 생각이 든다. 참된 휴식은 바빠서는 안 된다.

　나는 쉬는 시간이 우리의 삶을 길게 만들 것이라고 생각한다. 세네카의 『인생이 왜 짧은가?』라는 책을 보면서 우리의 인생이 짧은 것은 너무 바쁘게 살기 때문이라는 생각이 들었다. 제대로 쉬지 않으면 인생은 짧을 수밖에 없다. 늘 무언가에 쫓겨 살면서, 할 일에 치여 살면서 인생을 길게 살 수는 없을 것이다. 내가 왜 사는지, 또 왜 살아야 하는지에 대해서 늘 물어야 한다. 그런 시간이 바로 쉬는 시간이다.

　우리는 숨이 차게 달려왔다. 그래서 늘 숨이 가쁘다. 모두 너무 바쁘기 때문에 숨이 가쁜 것이다. 그래서일까? 우리는 '숨조차 쉴 수 없다'는 표현을 자주 하기도 한다. '숨을 거두었다, 숨이 멎었다'는 표현은 숨을 쉬는 것이 얼마나 중요한지를 보여준다. 쉰다는 것은 살아있다는 의미이다. 숨을 쉴 수 있기 때문이다. 쉴 수 있어야 참된 삶을 누릴 수 있다. 숨을 쉬는 것, 그리고 쉬고 나서 새롭게 일을 하는 것은 무엇보다도 소중하다.

쉬는 시간은 철학이 필요한 시간이다. 단순히 누워 뒹구는 것이 휴식은 아니다. 스스로를 되돌아보고, 뉘우치고, 어떻게 살아야 할지를 생각해 보는 것만큼 깊고 소중한 휴식은 없다. 앞으로의 일보다는 지나온 일을 돌아보는 것이 휴식의 시작이다. 잘 쉬고 나면 새 희망을 안고 사람을 만나게 된다. 사람이 귀하다는 것, 세상이 아름답다는 것, 지혜가 소중한 것이라는 것을 깨닫게 되는 것이 참 휴식인 셈이다.

사람들과의 만남 속에서 지쳐 있는 스스로를 발견한다면 좀 쉬어야 한다. 그래야 인생을 길게 살 수 있다. 그것이 우리말 '쉬다'가 보여 주는 세상이다.

내 코가 석 자!

내 삶에 대한 깊은 고민

'내 코가 석 자'라는 표현은 가만히 생각해 보면 참 재미있다. 신체의 일부 중에서 코가 길어졌다는 의미인데 사람이 피노키오도 아니고 코가 길어진다는 것이 말이 되는가? 그리고 길어진다면 왜 꼭 코가 길어져야 했을까? 코가 길어지는 게 내 처지와는 무슨 상관이 있을까? 짧은 표현 속에 수수께끼가 한가득이다.

우선 피노키오 이야기부터 생각해 보자. 왜 피노키오는 거짓말을 할 때 코가 길어졌을까? 거짓말을 할 때 받는 벌이니까 입이 툭 튀어나오거나 당나귀처럼 귀가 길쭉해질 수도 있었을 것이다. 코가 길어지는 것으로 묘사한 이유로는 '코'가 감정의 변화를 나타내는 척도가 되기도 한다는 점을 들 수 있다. 전문가들의 말에 따르면 콧등의 피부가 약해서 얼굴의 다른 부분보다 먼저 피가 모여 붉게 보이는 경향이 있다고 한다. 술주정뱅이의 코를 붉게 묘사하는 것도 그러한 이유라고 이야기한다.

거짓말을 하는 사람들을 보면 코를 만지면서 이야기하는 경우가 많다. 거짓말을 할 때 긴장을 하기 때문에 피가 코끝에 모여 코가 간지럽게 된다는 의견이 있다. 또 다른 의견으로는 거짓말을 할 때 입을 무의식적으로 가리려고 하는 경향이 있는데 직접 입을 가리는 것은 티가 나므로 코를 만진다는 것이다. 아무튼 말을 할 때 코를 만지는 것은 거짓말의 표시라고 볼 수도 있다. 진심이라고 이야기하면서 코를 만지는 사람들은 주의할 필요가 있다. 특히 사랑 고백이라면.

'내 코가 석 자'라는 말은 남의 일을 신경 쓸 시간이 없다는 뜻으로 내 할 일, 내가 챙겨야 하는 일들도 많다는 의미이다. 주로 바쁘다는 의미로 쓰는 경향이 있는데, 자신에 대한 일부터 먼저 돌아봐야 한다는 의미도 담고 있다. 그런데 왜 '코'일까? 코는 자신을 의미한다. 우리나라 사람은 스스로를 가리킬 때 손가락으로 자신의 코를 가리키는 경우가 적고 주로 가슴 방향을 가리킨다. 하지만 일본인의 경우는 대부분 코를 가리키고 중국인들도 코를 가리키거나 그 주변을 가리키는 경우를 볼 수가 있다. 코가 자신을 나타내는 경우가 많은 것이다. 또한 한자에서도 예전에는 스스로 '자(自)'가 코 '비(鼻)'를 나타내기도 하였다. 즉 '자(自)'의 글자 모양도 원래는 코의 모습을 상형한 것이다.

'내 코가 석 자'라는 말은 자기 자신을 먼저 생각해 보아야 할 중요성을 보여 주고 있다. 자기 자신에 대해서 아는 것이 남에 대해 아는 것보다 중요하다. 인류의 스승이라 일컬어지는 분들이 하나같이 자신의 가치에 대해서 이야기한 것은 우연이 아닐 것이다. 소크라테스의 '너 자신을 알라'라는 말도, 부처님의 '유아독존(唯我獨尊)'이라는 말도, 예수님의 '하나님의 아들'이라는 말도 모두 자신이 귀한 존재임을 발견하고 선언하는 말이라고 생각된다. 스스로가 귀하다는 것을 아는 사람이야말로 다른 사람이 귀하다는 것을 아는 사람이 될 수 있다. 자신을 사랑할 줄 모르는 사람이 다른 사람을 사랑하기란 어려운 일이다. 자신을 귀하게 여기는 것은 이기적인 생각이 아니라 이타적인 생각의 출발점이다.

우리말 속담이나 관용 표현을 보면서 선조들의 지혜를 발견해 볼 수 있다. 또한 선조들이 우리에게 들려주고 있는 이야기를 찾아낼 수 있다. 간단한 표현처럼 보이는 '내 코가 석 자'도 여러 가지 이야기들을 담고 있다. 다른 사람의 일을 참견하기 전에 나를 돌아봐야 한다. 다른 사람을 못됐다고 이야기하기 전에 스스로에 대해서 생각해 보아야 한다. 나는 왜 태어났는지, 왜 사는지 고민해 보아야 한다. 내게 닥친 이 고통의 의미는 무엇인지, 어떻게 이겨낼 것인지에 대한 깊은 성찰이 필요하다. 지금 내 코는 석 자도 넘을 듯하다. 한없이 길어져 있는 내 코를 바라보며 생각에 잠겨 본다. 여러분의 코는 몇 자인가?

나쁜 놈

내가 알고 있는 나

우리는 몇 가지 착각을 하면서 산다. 예를 들어 나 정도면 괜찮은 사람이라든가, 난 그래도 잘 살아왔다든가, 내가 이런 행동을 하게 된 데는 다 이유가 있다든가 하는 것들이다. 오늘 제목으로 쓴 내가 아는 가장 나쁜 놈은 이런 몇 가지 착각에 대한 답이다.

우리가 다른 사람을 용서하기 어려운 이유, 다른 사람을 진정으로 이해하기 어려운 이유는 위와 같은 착각에서 출발한다. 아무리 악인이라고 하더라도 우리가 그에 대해서 알고 있는 것은 일부분에 불과하다. 그 사람이 어떻게 자라왔는지, 가정 형편은 어떠했는지, 그 사람의 분노를 누가 키워 왔는지 우리는 아는 바가 그다지 없다. 단편적인 모습으로만 평가하려 하는 것이다. 따라서 다른 사람의 모든 것에 대해 정확히 이해하고 판단하기란 어려운 것이다. 하지만 우리는 자신이 그동안 해온 해악, 잘못에 대해서는 잘 알고 있지 않은가?

솔직한 척하지만, 나 스스로를 속이고, 남을 속이고 있다. 아닌 척, 안 그런 척 가식 속에서 산다. 마음속에 있는 말을 그대로 하고 산다면 큰 일이 벌어질 것이다. 자신이 마음속에 담고 있는 생각들을 들여다보라. 생각들은 마음속에서만 그치지 않는다. 앞에서는 웃지만 돌아서면 그에 대한 비판과 험담이 시작된다. 또한 누구와 이야기하는가에 따라 이야기의 방향과 태도가 달라진다. 남 욕하는 내 모습을 생각해 보면 참으로 한심하다. 물론 그러한 험담은 고스란히 내게로 돌아오기도 한다. 내 앞에서 웃던 사람들이 나에 대해 쏟아낼 말들을 생각해 보면 등줄기가 서늘하다.

기독교의 성경에 보면 '너희들 중에 죄 없는 자가 저 여인에게 돌을 던지라'는 이야기가 나온다. 간음한 여인을 향해 사람들은 쉽게 돌을 던지지 못한다. 왜일까? 스스로가 자신에 대해서 너무나 잘 알고 있기 때문이다. 마음속에서 스멀거리며 기어나오는 음욕에 고통스러운 때가 있지 않은

가? 어쩌면 나는 직접 하지 않았을 뿐이고, 들키지 않았을 뿐이다. 성경에서 마음속으로 음욕을 품는 것만으로도 간음이라고 한 것도 시사해 주는 바가 크다. 나는 이 말이 우리 모두가 죄인이니 죄책감을 갖고 살아야 한다는 뜻으로 받아들이지 않는다. 오히려 '너도 똑같이 죄 지은 자이니 사람을 함부로 단죄하지 말라'는 경고로 보인다. 더 정확히 말한다면 '용서하라'는 메시지인 것이다. 나의 죄를 깨달으면 용서는 쉬워진다.

'전생에 지은 죄가 많아서'라는 표현도 실제로 지은 죄가 많다는 의미보다는 나도 죄 지은 자이니 다른 이도 용서해 주라는 표현으로 보인다. 종교에서 전생을 이야기하는 이유일 것이다. '원죄'도 그러한 의미였을 것이다. 원죄가 있는 사람들은 다른 이를 용서해야 한다. 그래야 내 죄도 용서받을 수 있다. 용서는 평화의 시작이기도 하다. 나는 절대로 나쁘지 않고, 남은 절대로 착해질 수 없다는 생각에서는 용서도 평화도 없다. 싸움과 폭력으로만 해결책을 삼게 될 것이다.

내가 아는 제일 나쁜 놈은 바로 '나'다. 나는 내 죄를 잘 알고 있다. 여기에 적는다면 수만 페이지가 모자랄 것이다. 게다가 내가 기억조차 하지 못하는 잘못도 있을 것이다. 내가 미처 죄인지도 모르고 저지른 것도 있을 것이고, 나는 모르고 있지만 어떤 이에게는 깊은 상처가 되었을 잘못들도 있다. 그런데도 우리는 남을 쉽게 평가하고, 비판하고, 비난하고, 단죄한다. 그러고는 나는 마치 그러지 않는 사람처럼 군다. 부끄러운 일이다. 내가 용서할 수 없는 사람들을 마음속에 떠올려 본다. 용서하는 삶을 살아야겠다. 그리고 저지르는 잘못의 양을 줄여가야겠다.

진짜 가짜

진짜인 척 하는 가짜

가짜와 진짜는 한자어이다. 너무 오랫동안 우리말로 쓰여서 이제 한자였는지 구분도 잘 안 가는 어휘들이다. 가짜는 거짓이고, 진짜는 참이다. 물건이나 사람들을 보면서 우리는 가짜와 진짜를 구별하려고 한다. 어떤 경우에는 가짜를 구별해 내기가 무척이나 어렵다. 진짜보다 더 진짜 같은 가짜들도 많기 때문이다.

나는 고등학교 때 '조다쉬'라는 말 머리 그림이 있는 청바지를 한동안 입고 다닌 적이 있었다. 일률적인 교복이 폐지되고 사복을 입고 학교에 다닐 수 있었던 시절이어서 등교할 때 입을 옷에 대해서 관심이 많았었다. 누가 무슨 상표의 옷을 입었는지, 어떤 신발을 신었는지가 큰 관심사였다.

경쟁심도 있었던 듯하다. '조다쉬'는 당시에 유명했던 상표이다. 그 청바지는 이태원 뒷골목의 가게에서 산 것인데, 진짜와 거의 같은 디자인이었지만 가짜였다. 거의 똑같이 만들었기에 나는 사람들이 모를 것이라고 생각했다. 그런데 어떤 모임에 갔을 때, 사람들이 들릴 듯 말 듯 이야기하는 소리를 듣게 되었다. 그들은 그 청바지가 가짜인 줄을 알고 있었던 것이다. 당시 내 형편상 좋은 청바지를 입지 않았을 것이라는 추측이 한몫했을 것이다. 얼굴이 그야말로 화끈거렸다. 청바지만 가짜였지만 마치 내가 걸친 모든 것이 가짜 같은 느낌이 들었다. 비참했다.

하지만 그 후로도 종종 가짜를 구해 입었던 것으로 기억한다. 물론 웃으며 가짜라고 밝힌 적도 있었다. 차라리 밝히고 나면 가짜를 입은 솔직한 아이가 되었다. 나이를 먹고, 생활이 안정되면서 나를 둘러싼 가짜 옷들은 하나둘씩 사라지게 되었다. 장난스럽게 가짜를 사는 경우를 제외하고는 어떤 물건도 가짜에는 손이 잘 가지 않는다. 나에게 맞지 않는 명품들로 굳이 내 겉모습을 가짜로 채울 필요가 있을까 하는 생각도 들었을 것이다. 재미있는 것은 이제는 내가 가짜 옷을 입어도 사람들은 내가 진짜를 입었을 것이라 생각한다는 것이다. 설마 대학 교수가 가짜를 입었을까 생각하는 것이다.

'진짜'와 '가짜'라는 단어를 보면서 나는 한동안 착잡했다. 예전에는 가짜 조다쉬가 부끄러웠지만, '부끄러워하는 마음'만은 귀한 것이었다. 가짜를 입은 나를 부끄러워하는 마음이 있었기 때문이다. 하지만 요즘에는 나를 둘러싸고 있는, 아니 내 속에 있는 수많은 가짜를 본다. 이제 겉치장은 가짜가 아니게 되었지만 내면은 점점 가짜가 많아지고 있다. 그럼에도 그 가짜에 대해 깨닫지도 못하고, 누가 지적을 해 주어도 진짜인 척한다. 당연히 부끄러움도 적다.

선생이라는 사람이 연구를 소홀히 한다. 강의 준비가 늘 시원치 않다. 학생을 만나는 게 귀찮아 자꾸 핑계를 댄다. 이제 나는 바쁜 선생으로 소문이 나 있다. 연구 때문에 바쁜 것은 아니다. 그래도 스스로는 전문가이고 내 영역에 대한 다른 사람의 지적이 불쾌하다. 어디에서나 내가 이 분야의 전문가임을 강조한다. 스스로 전문가라고 이야기할 때마다 사실 가슴은 뜨끔뜨끔하다. 그래도 약간의 양심은 남아있나 보다.

또한 마치 자신이 너그러운 선생인 것처럼 행동하기

도 한다. 학생들을 얼마나 위하는지에 대해 작은 에피소드를 부풀려 이야기하곤 한다. 조금 낸 장학금은 기부가 내 소명인 듯 포장되고, 학생을 도운 몇몇 이야기는 내가 늘 학생들을 위해 살고 있는 것처럼 미화된다. 기회가 있을 때마다 내가 얼마나 훌륭한 선생인지를 뿌듯해 하며 말하는 것이다. 허나 돌이켜 생각해 보면 학생들에게 미안함이 가득하다. 내 자신이 부족함은 스스로가 제일 잘 알고 있기 때문이다.

가족에게도, 친구에게도, 선배나 후배에게도, 선생님들께도 우리는 진짜인 척하며 가짜로 살아간다. 오늘 나는 내 마음이 입고 있는 가짜 조다쉬를 본다.

값어치

세상에 필요한 내 가치

값어치 있는 삶이란 무엇일까? 우리나라 사람들은 어떤 삶을 값어치 있다고 생각했을까? 그 해답의 실마리는 '값어치'라는 단어에 있다. '어치'는 '그 가격에 해당하는 것'이라는 의미이다. 백 원어치, 만 원어치는 각각 그 값 정도의 가치라는 의미이다. 예를 들어 '과일 만 원어치'라고 하면 만 원에 해당하는 과일을 사겠다는 의미인 것이다. 우리는 종종 값어치 있다는 말을 비싸다는 의미처럼 사용한다. 하지만 '값어치'라는 말은 사실상 그 값에 해당하는 것이라는 의미일 뿐이다.

우리말에 '값어치를 하다'라는 표현이 있다. 이 표현은 비싸다는 뜻이 아니라 내가 지불한 값에 해당하는 품질을 갖고 있다는 뜻이 된다. 사람들은 누구나 어떤 물건을 살 때, 그것이 값에 맞는 물건이기를 바란다. 물론 산 가격보다 가치가 더 높으면 좋겠지만 그 가격에 맞기만 해도 좋다는 생각이 이 표현에 담겨 있는 것이다. 그렇기 때문에 물건이 제 값을 못하면 바가지를 썼다든지, 속았다든지 하며 화를 내게 된다. 사람에게도 값어치를 한다는 말을 쓸 수 있다. 자신의 몸값을 제대로 해 내는 운동선수에게는 칭찬으로 하는 말이기도 하다.

이런 의미에서 미루어 볼 때 '값어치가 있다'라는 말도 본질적으로는 비싸다는 의미보다는 그 물건은 그 값에 맞는다는 의미가 된다. 즉, 본래의 가치만 잘 담고 있어도 좋은 물건이 되는 것이다. 사람도 마찬가지다. 자신이 본래 지니고 있는 가치만 잘 발견하고 그대로만 살아도 훌륭한 것이다. 그런데 사람들은 자신의 가치를 잘 모르고 비싸 보이려고 겉치장에 몰두하는 경우가 많다. 그렇다고 해서 가치가 높아지는 것이 아니다. 오히려 그런 경우에는 떠들썩한 '빈 수레' 취급을 받기 십상이다. 또한 자신이 가진 가치도 모른 채 한탄하며 사는 사람은 정말로 자신의 '값'을 하나도 못 나타내는 사람이기 때문에 '값어치가 없다'는 소리를 듣게 된다. 진정한 의미에서 불쌍한 사람이다.

사람들은 종종 자신이 받고 있는 대우에 대해서 불만스러워 한다. 반면에 다른 사람을 보면서는 '월급이 아깝다'는 말을 쉽게 한다. 하지만 조금만 달리 생각해 보면 다른 사람들도 나를 보면서 똑같은 말을 하고 있을지 모른다. 나는 내 월급에 맞는 일을 하고 있는가? 나는 정말 그 값어치가 되는가? 내가 다른 직장으로 옮길 때 받을 수 있는 월급이 내 가치라는 말이 새삼 다가온다. 다른 직장으로 가면 받아주기는 할까?

값어치 있는 삶은 다른 사람을 따라하고, 부러워하고, 그렇게 되지 못해 아쉬워하는 삶이 아니다. 오히려 자신이 갖고 있는 능력에 맞고, 그 능력을 잘 발휘하는 삶을 산다는 것이다. 따라서 값어치 있는 인생을 살려면 우선 자신의 값을 잘 알아야 할 것이다. 생각해 보라. 스스로의 가치는 얼마인가? 나는 값이 얼마나 나가는 존재인가? 그리고 그 값에 맞는 삶을 살고 있는가? 사람들은 자신의 가치를 잘 모른다. 어떨 때는 지나치게 과대평가하고 어떨 때는 지나치게 과소평가한다. 자신의 가치에 맞게 산다는 것은 어렵지만 중요한 일이다.

내 값어치는 내가 갖고 있는 재능이기도 하다. 우리

는 서로 다른 재능을 가지고 태어났다. 그렇기 때문에 남과 다른 자신의 재능을 의미 있고 가치 있게 쓰는지는 늘 고민이 아닐 수 없다. 내 재능을 잘 사용하고 있다면 나는 그 값에 맞게 살고 있는 것이다. 그러려면 내 재능이 필요한 곳을 잘 살펴보아야 할 것이다. 우리말은 뛰어난 능력이 있는 사람이 꼭 값어치 있는 것이 아니라고 이야기한다. 저마다의 재능을 세상을 위해서 귀하게 사용하면 누구나 값어치 있는 사람이 된다는 것을 보여 주고 있다.

최선(最善)

가장 착한 아름다움

'이게 최선입니까?'라는 말이 드라마에 나오면서 유행한 적이 있다. 우리는 최선을 다하는 삶을 칭찬하고 좋아한다. 얼마 전에 나는 아우렐리우스의 『명상록』에서 인생에 최선을 다 해야 한다는 글을 보고 잠깐 생각에 잠기게 되었다. 그동안 나는 최선을 다 한다는 말을 그저 열심히 바쁘게 사는 것으로 생각했기 때문이다. 하지만 인생에 최선을 다 한다는 것은 바쁘게 사는 것을 의미하는 것은 아닐 것이다. 단순히 열심히 사는 것을 훌륭하다고 이야기할 수는 없다. 목적이 아름다워야 하는 것이다. 실제로 아우렐리우스도 공적(公的)인 이익을 위해서 최선을 다하는 것을 아름다운 일로 이야기하고 있다.

최선(最善)의 반대말은 최악(最惡)이다. 최선이라는 말은 가장 선한 것, 가장 좋은 것이라는 의미이다. 즉, 가장 나쁜 것의 반대말이다. 우리는 최선이라고는 이야기하면서 그것이 '선한 것'이라는 점은 잊어버리고 있다. '최선을 다 한다'는 말은 단순히 열심히 일한다는 의미가 아니다. 있는 힘껏 노력한다는 의미로만 보기에는 무언가 부족함이 있다. 우리말에 '최악을 다 한다'는 말은 없지만, 이 표현을 생각해 보면 최선을 다 한다는 것이 어떤 의미일지 추측이 가능하다. 최선을 다 하는 것은 '선한 것을 위해서 노력한다'는 의미가 된다. 나쁜 일은 애당초 최선을 다 할 수 없는 일이다. 최선이라는 단어 속에 이미 선함이 담겨 있기 때문이다. 그리고 우리가 최선을 다 해야 하는 부분은 바로 사회적 이익을 위한 것이다. 나만을 위한 일은 최선일 수 없다. 이렇게 생각해 보면 우리가 최선을 다 하고 있다고 하는 일이 가장 '선(善)'한 일이 아닌 경우가 많다.

인간은 사회적 동물이라고 한다. 어릴 때 사회 시험이나 윤리 시험에 자주 등장하는 말이다. 우리는 인간이 사회적인 동물이라고 할 때 단순히 모여서 사는 동물이라는 정도로 정의를 마무리했던 것 같다. 학교에서도 그 이상의 설명은 별로 없었던 듯하다. 다른 사람들에게 물어봐도 사회적 동물이라는 말에서 큰 감동을 느끼지 못한다. 아우렐리우스의 명상록에 보면 인간은 사회적 동물이라는 표현이 자주 나온다. 인간이 사회적 동물이라는 말은 '인간은 함께, 조화를 이루며 살아야 한다'는 뜻이다. 즉, 나보다는 사회를 위해서, 더 큰 목적을 위해서 살아야 함을 보여 주는 말이다. 단순히 모여 사는 것이 아름다운 가치일 수 없다. 내가 이 사회를 위해서 무언가 기여할 때 나도 사회적 동물이 된다. 최선은 내가 더불어 사는 이 세상을 위한 것이어야 한다. 그게 선한 것이다.

스스로 최선을 다 한다고 말하는 일을 살펴보면, 그만한 가치가 있는 일인지 반성이 된다. 그 가치는 우선 목적이 선한 것이어야 한다. 우리는 공부를 하면서 최선을 다 한다고 한다. 우리는 연습을 할 때 최선을 다 했다고 한다. 또 어떤 일을 하면서도 순간순간 최선을 다 한다고 한다. 하지만 우리는 왜 공부를 하는지, 왜 연습을 하는지, 왜 일을 하는지 생각해 보아야 한다. 우리에게 선한 목적이 있는가? 단순히 다른 사람을 누르고 나 혼자만의 안락한 삶을 위해서라면 최선은 아니다. 무엇을 연습하는 것도 마찬가지이다. 순간순간 최선을 다 한다면, 늘 그 가치를 생각하며 산다는 의미여야 한다. 최선이라는 가치는 모든 이를 위한 것이어야 한다.

　　그동안 최선이라는 말 속에 감추어진 내 모습을 돌아본다. 쉽게 최선을 다 했다고 말하지만 그게 나를 위한 것인지 다른 사람을 위한 것인지에 대해서는 고민이 없었다. 열심히 했다는 말로 스스로를 위안하였을 것이다. 얼마나 많은 일들이 최선이라는 말 앞에서 핑계가 되었을까? 나는 최선을 다 했지만 어쩔 수 없었다는 말로 많은 사람들에게 아픈 상처를 주지는 않았을까? 최선이라는 가치 속에 담겨 있는 착한 아름다움을 다시 생각해 본다.

미치다

밑 치고 미치면 미칠 수 있다는 것

코미디 프로그램을 보면 발음이 비슷한 말로 웃음을 유발하는 경우가 있다. 발음만 비슷할 뿐 뜻은 전혀 다르기 때문에 웃음이 나오게 되는 것이다. 이러한 것을 언어유희라고도 하고, 말장난이라고 한다. 서로 비슷하거나 같은 발음의 어휘를 이용해서 표현을 하는 것으로 약간 장난스러울 때도 있기 때문에 '장난'이라고 쓴다. 하지만 이러한 표현을 보면 단순히 장난이라고 하기에는 너무나도 기발하고 의미가 깊은 경우들이 많다. 이러한 기발함에서 깨달음이 오기도 하고 풍자가 이루어지기도 한다. 일제 강점기 때 이상재 선생이 강연을 할 때 청중 중에 일본 형사들이 많은 것을 보고 개나리가 만발하였다 하여 '꽃'과 '개자식'의 의미를 동시에 썼다는 이야기는 언어유희의 풍자성을 보여 준다.

오늘 이야기하고자 하는 언어유희 표현은 우리에게 깨달음을 주는 내용이다. '미치다'라는 말을 들으면 우리는 주로 두 가지 뜻을 생각한다. 하나는 '정신이 이상하다'는 뜻이고, 다른 하나는 '도달하다'라는 뜻이다. 그리고 단어를 잘 분석해 보면 '밑을 치다'라는 의미의 '밑 치다'라는 표현도 발음이 같다는 것을 알게 된다. 이 세 가지 의미는 원래 다른 단어들이지만 서로 일정한 연관성을 갖고 우리에게 깨달음을 준다. 이 말에 대해서 처음 생각해 보게 된 것은 정민 선생의 『미쳐야 미친다』라는 책을 보고나서다.

불광불급(不狂不及)이라는 한자성어는 '미치지 않고서는 미칠 수 없다', 즉 '미쳐야 미친다'는 뜻이다. 한자에서는 '광'과 '급'이 동음이의어가 아니지만 한국어에서는 동음이의어여서 절묘한 느낌을 주는 표현이 되었다. 어떤 일을 성공하고자 한다면 그 일에 미쳐야 한다는 말에서 무엇보다도 열정이 필요함을 알게 한다. 성공의 비법은 몰라도 실패의 이유는 명확하다. 그 일에 열의가 없었던 것이다. 하려는 마음이 부족한데도 성공할 수 있다면 그것은 쉬운 일이거나 가치가 없는 일일 것이다. 우리가 어떤 일에 달인이라고 이야기하는 사람은 다 그 일에 미친 사람들이다. 똑같은 일을 해도 어떤 사람은 달인이 되고, 어떤 사람은 단순한 일꾼에 머문다. 그 이유는 열정에 있다. 어떻게 하면 잘할 수 있을까 궁리해 보고, 시도해 보는 가운데 스스로도 모르는 사이 달인의 경지에 이르게 되는 것이다.

'밑 치다'라는 말도 실천하기에는 어려운 것이지만 우리에게 깨달음을 준다. 굳이 밑바닥까지 내려갈 필요는 없겠지만, 고통을 아는 사람일수록 성공의 필요성이 간절해진다. 고통은 좌절만을 안겨주는 것이 아니라 희망을 안겨준다. 생각해 보면 더 내려갈 곳이 없는 사람, 더 잃을 것이 없는 사람에게 더 절망스러운 상황은 오지 않는다. 당연히 '밑친 사람'은 올라갈 곳밖에 없는 것이다. 올라갈 때는 전처럼 행동하는 것이 아니라 미친 듯이 해야 희망을 만날 수 있다. 똑같은 실패를 되풀이할 필요는 없지 않은가?

밑 치고, 미치면, 미칠 수 있다. 비슷한 발음의 표현들이 보여 주는 깨달음의 세상이다. 살아오면서 어려웠던 시간을 돌아보는 것은 귀하다. 밑 치는 일은 스스로 모자랐던 모습에 대한 반성에서 시작한다. 부끄러운 모습들이 아프게 떠오른다. 다시는 그러지 않기 위해서 다짐이 필요한 시간이다. 또한 내가 하는 일이 오래 되었다 하여 이미 열정은 식어버리고 그저 하루를 보내고 있는 것은 아닌지 반성이 된다.

내가 왜 이 일을 시작하게 되었을까? 나는 왜 이 일이 좋았을까? 나는 내 심장을 뛰게 하는, 나를 미칠 수 있게 하는 일을 하고 있는 것일까? 스스로가 하고 있는 일에 자신의 가슴을 비추어 보는 일이 어쩌면 나를 '미치게 하는' 시작이라는 생각이 든다.

발이 넓다

아는 양보다는 아는 질이 중요

'발이 넓다'라는 말은 아는 사람이 많다는 뜻이다. 인맥이 좋다는 의미도 된다. 일본에서는 '얼굴이 넓다'라고 한다. 얼굴이 넓은 게 무슨 사람을 많이 아는 것이냐고 반문할 수 있겠지만 발이 넓은 것도 생각해 보면 사람들 아는 것과는 별 관계는 없어 보인다. 아마도 발이 넓다는 것은 많이 돌아다녀서 알게 된 사람이 많다는 의미로 발전된 것으로 보인다.

사람들을 얼마나 많이 아는 게 좋을까? 어떤 사람은 '누구도 잘 알고, 누구도 친하고'라는 말을 달고 산다. 나도 생각해 보면 그런 표현들을 많이 한 듯하다. 그런데 실제로 물어보면 1년에 한 번도 안 만나는 사람인 경우도 많고, 평생 몇 번 만난 적도 없는 경우도 많다. 심지어 그 사람이 결혼을 했는지, 아이가 있는지, 고향은 어디인지, 사는 곳은 어디인지에 대해서도 아는 바가 거의 없는 경우도 있다. 이런 사람들을 잘 안다고, 친하다고 하는 나의 심리는 무엇인가?

우리는 이런 경우를 속어로 '족보'를 세운다고 한다. 마치 자기 조상 중에 유명한 사람이 많으면 자기가 훌륭한 것으로 착각하는 것처럼, 주변에 힘 있는 사람이 많으면 자신도 센 사람처럼 보이는 것으로 생각하는 것이다. 하지만 별로 잘 알지도 못하는 사람들이 내게 힘이 되어 줄 리 만무하다. 막상 도움을 청할 일이 생겼을 때 그 사람에게 전화를 걸기도 쉽지 않을 것이다.

최근에 책을 읽으면서 사람들은 유전적으로 약 150명과의 인간관계가 가장 자연스러운 사회집단이라는 이야기를 보고 깊은 생각에 잠기게 되었다. 자연스럽다는 말에는 행복을 공유할 수 있다는 의미가 포함된다. 아마 예전 농경사회나 유목사회에서는 150명 정도의 인간관계면 충분했을 것이다. 평생 관계를 맺고 살아가는 사람들이 주로 같은 마을 사람들이다 보니 더 많은 수의 인간관계가 필요하지는 않았을 것이다. 그 사람들과 알콩달콩 살아가며, 서로의 일을 자기의 일처럼 품앗이하면서 살아갈 수 있었을 것이다.

하지만 인간관계가 넓어지면 질수록 우리는 나 아닌 모든 사람을 남으로 만들게 된다. 웬만한 남의 슬픔은 내 슬픔으로 다가오지도 않는다. 150명 정도의 인간관계에 충실하게 되어 있는 사람들이 수많은 인간관계에 얽혀 있으면서 그야말로 인간의 본성인 '서로 어우러짐'을 상실하게 된 것이다. 그래서 자신의 가족만 중요하다고 생각하는 가족 이기주의가 팽배하게 된 것이다. 우리 가족만 행복하면 된다는 가족 이기주의에는 '사촌'도 발붙일 곳이 없다. 점점 사촌도 남처럼 되어 버렸다.

교회나 성당, 절과 같은 종교 모임의 신도 숫자도 생각해 볼 일이다. 150명의 수를 넘어서면 서로 간의 따뜻함도 옅어지게 된다. 다른 문제점은 차치하고 서로 위로하며 살아야 할 사람들이 얼굴도 잘 모르고 지낸다는 것은 답답한 일이다. 학교에 반이 많은 것도 이러한 문제를 발생시킨다. 내가 고등학교를 다닐 때 한 학년에 학생 수가 900명에 이르렀다. 당연히 동창회도 잘 안 된다. 같은 반이 된 적도 없고, 학교에서 마주칠 기회가 적었던 학생들이 동창이라고 반가

울 리 없는 것이다.

　　　나는 발이 넓은 사람이 되기보다 아는 이에게 충실한 사람이 되자고 하고 싶다. '아는 사람의 양'이 중요한 것이 아니라 '아는 질'이 중요한 것이다. 내 일을 자신의 일처럼 생각해 줄 사람이 많아져야 한다. 반대로 그의 일이 내 일처럼 느껴지는 사람들이 많아져야 한다. 그게 좋은 인간관계다. 내 일을 자신의 일처럼 귀하게 생각할 사람들의 얼굴을 떠올려 본다. 150명은 정말 엄청난 숫자라는 생각이 든다.

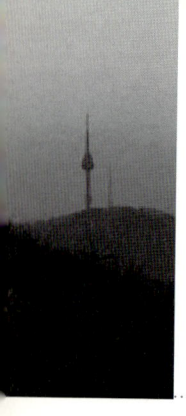

감정의 고향

늘 나를 돌아보게 하는 곳

내가 있는 학교의 교수회관에서 우연히 저녁놀을 바라보게 되었다. 멀리 붉은 기운 속에 남산 타워가 보였다. 나는 얼른 주머니에서 휴대전화를 꺼내 사진을 찍고 잠시 동안 생각에 잠겼다. 또 남산에 내 마음이 따라갔구나. 남산은 내 감정의 고향이라는 생각이 들었다. 나는 남산에서 25년 정도를 살았다. 남산은 내게 추억 이상의 곳이다. 뭔가 애잔하고, 뭔가 아련하다. 설명하기 어렵다는 말이 정답인 듯하다.

내가 어렸을 때 우리 집 주소에는 '산'이라는 말이 붙어 있었다. 나중에 주소가 바뀌었지만 내 머리 속에는 산에 살았다는 생각이 남아있다. 산은 자연의 공간이다. 산에서 가재도 잡고, 개구리도 잡았다. 꿩도 볼 수 있었다. 서울에 살았지만, 시골의 추억을 갖게 된 것은 순전히 남산의 덕이다. 소풍도 늘 남산으로 갔다. 내가 다니던 초등학교와 고등학교의 교가에는 다 남산이 들어있다. '남산의 정기'를 받은 아이였고, '남산의 씩씩한 기상'의 고교생이었다. 의견이 분분하지만, 생각해 보니 '애국가'에도 '남산'이 담겨 있다.

어릴 때 나는 남산을 뛰고 또 뛰었다. 단거리 달리기는 못해도, 끈기만은 있어야 한다고 스스로에게 이야기했던 것 같다. 그래서인지 학교에서 오래달리기 대회를 하면 반의 대표로 뽑히기도 했다. 이 악물고 하는 것은 잘 하고 싶었다. 헐떡거리면서도 기분이 좋았던 기억이 있다. 산에 가면 나무에도 올라가고, 개천을 쏘다니기도 했다. 길이 없는 곳이 모두 내게 길이 되어 주었다.

좀 더 나이를 먹고 나서는 남산은 피난처이기도 했다. 산 속에 올라가 큰 소리로 노래를 부르기도 했고, 미친놈처럼 소리를 지르기도 했다. 종종은 눈물이 났었던 기억도 있다. 그러다가 처음 시라는 것도 써 보았다. 중 3때의 일이다. 아직도 그 때 쓴 시들을 갖고 있다. 그야말로 얼굴이 화끈거리는 글이지만, 그것이 그 때의 내 맨 얼굴이라는 생각이 든다. 그 때 나는 마음이 참 아팠다. 마음에 생채기가 날 때마다 글을 썼던 것으로 기억한다. 그 기억 덕분에 나는 지금도 글을 쓰고 있다.

　남산은 사실 굉장히 재미있는 곳이다. 마치 산골의 모습이 있는 것처럼만 앞에서 이야기했지만 남산은 서울의 중심인 곳이기도 했다. 어린이 과학관이 있었고, 남산 식물원이 있었다. 또한 남산 국립도서관과 시립도서관, 용산도서관이 있는 곳이기도 했다. 중·고생 시절 나는 도서관의 덕도 많이 봤다. 나는 도서관에 있는 이 책 저 책을 기웃거리며 읽었다. 잡다한 독서가 가능할 수 있었던 것은 도서관에 책이 정말 많았기 때문이다.

　내 생애 첫 일출을 본 곳도 남산이다. 1월 1일에 친구들과 팔각정에 올라가서 일출을 봤던 기억을 잊을 수 없다. 새 희망을 정수리에 붓는다는 표현이 딱 들어맞는 풍경이었다. 빛을 가득 받은 얼굴로 나는 미래를 긍정적으로, 설레며 맞이하였다. 지금도 내가 일출에 감격하는 것은 그 때의 해돋이 기억 덕택이다. 저녁놀이 비친 남산을 보고, 사진을 찍은 이유도 아마 그 때의 기억이 내 깊은 곳에 자리하고 있었기 때문이리라.

내 글을 읽는 분들 중에 나에게 어릴 때 산전수전 다 겪었나보다고 이야기하는 사람도 있다. 어떤 이는 경험이 참 다양한 것 같다고 말하기도 한다. 나는 이 말들이 완전히 틀린 것은 아니라고 생각한다. 나는 서울에 살았지만, 늘 남산 밑에 살았기 때문이다. 나는 남산을 내 감정의 고향이라고 말한다. 그리고 서울 어디서나 멀리서도 잘 보이는 고향 덕에 가끔씩 내 감정을 기억하며 살고 있다. 사람은 누구나 늘 자신을 돌아보게 만드는 감정의 고향이 있을 것이다. 여러분의 감정의 고향은 어디인가?

첫

설레고 애틋한 처음

'첫'은 보충법에 해당한다. 국어학 용어인 보충법이 어렵게 느껴질 수 있겠으나 어떤 일정한 구조에서 벗어나는 어휘를 '보충법'이라고 할 수 있다. 예를 들어 우리말에는 '하나, 둘, 셋'과 같은 수사가 있는데, 순서를 셀 때는 '첫째, 둘째, 셋째'라고 한다. '하나째'라고 하지 않는 것이다. 즉 하나의 자리에 '첫'이 쓰이고 있다. 둘째, 셋째의 느낌과는 다른 '첫째'만의 느낌이 있다. 시작이라는 의미, 새로운 세계와의 만남이라는 의미가 있는 것이다.

왜 '첫'만 달리 쓰이고 있는지에 대해서 명확히 설명하기는 어렵다. 하지만 아무래도 처음 시작에 대해 우리 민족이 특별한 감정을 갖고 있었기 때문이 아닐까 한다. '첫'이라는 단어는 어원적으로 볼 때, '처음'과 관련이 있을 것이다. '첫'에 '엄'이 결합한 형태를 처음의 원형으로 볼 수 있기 때문이다. 그래서일까, '첫'이 담긴 단어들 중에는 우리가 기억해야 하는 순간들이 많다.

'첫'이 들어간 어휘를 보면 왠지 설레고 애틋하다. '첫사랑'이라는 단어는 '첫 번째 사랑'이라는 말과는 전혀 느낌이 다르다. 순서에 의한 사랑이 아닌 것이다. 두 번째 사랑과 대비가 되는 의미가 아니다. 사람을 좋아한다는 것이 어떤 것인지 처음 느끼게 된 상태를 첫사랑이라고 하는 것이다. 첫사랑은 새로운 세계로 들어섬을 의미한다. 그런 의미에서 '첫날'이나 '첫날밤'은 새로운 세계와의 만남이다. 잊을 수 없는.

학교에 처음 들어갔을 때의 기분, 친구들을 처음 만났을 때의 느낌, 선생님과 첫 대면 등등 학교에서의 추억도 많은 부분 '첫'과 관련이 있다. 나는 초등학교에 처음 갔던 날의 기억이 뚜렷하다. 어릴 때는 운동장이 왜 그리 넓어 보였는지. 선생님은 왜 그리 커 보였는지. '앞으로 나란히'를 하고 서 있던 모습도 생각나고, 선생님이 이름을 부르셨을 때 목이 터져라 크게 대답하던 기억도 새롭다.

양력으로 새해는 지났지만, 우리의 설날은 또 다가오고 있다. '설'이라는 단어는 나이를 세는 '살'과 관련이 있다. 모음을 바꾸어서 새로운 단어를 만든 것이다. 설날이 한 살을 먹는 날이라는 것은 이 두 단어의 의미만 봐도 알 수 있다. 새로 한 살 먹으면서 우리는 많은 결심을 한다. 사실 매일이 새로운 날이기는 하지만 새해는 뭔가 새로운 결심을 해야 할 것 같은 생각이 들기도 한다.

작심삼일이라는 말도 있지만, 어떤 경우에는 삼일도 지속하지 못한 결심도 많다. 매일 운동을 해야지 결심을 하지만 늘 날씨가 우리를 방해한다. 웬 날씨가 갑자기 그리 추운지. 운동도 좋지만 감기에 걸리면 안 되지 않는가? 술을 마시지 말아야지 하면 꼭 친한 친구에게 오랜만에 전화가 온다. 하긴 결심보다는 우정이 먼저 아닌가? 이렇게 생각하다보면 결심은 딴 나라 이야기가 된다.

작심삼일이었다고 하면서 포기하지 말고, 삼일마다 새로 결심을 하면 작심한 일을 지킬 수 있을 것이라는 농담도 있다. 아무튼 첫 마음을 기억하고 유지하는 것은 쉬운 일이 아니다. 나는 모든 일에서 끝까지 첫 마음을 잊지 않고 살아가는 것은 참으로 귀하다고 생각한다. 어떤 일이 힘들다는 생각이 들 때 그 일을 처음하게 되었을 때를 찬찬히 되돌아볼 필요가 있다.

　　새날이 다가오고 있다. 일도 공부도 사랑도 결혼생활도 모두 첫 마음으로!

자식(子息)

숨 쉬는 것만으로 기쁨인 존재

부처께서 아들을 낳았을 때 이름을 '라후라'라고 지었다. 사람들이 아이의 이름을 짓는다는 것은 큰 의미가 있다. 가끔은 겸손한 아이로 키우기 위해서 어리석게 보이는 이름을 쓰기도 하지만 보통은 아이에 대한 희망을 담으려고 한다. 예쁘고, 착하고, 씩씩하고, 건강하고, 바르게 자라기를 바라는 것이다. 자신의 이름을 들여다보면 나에 대한 기대를 느낄 수 있다.

그런데 부처님의 아들 '라후라'는 장애물이라는 의미였다. 걸림돌이라는 의미를 갖고 있는 것이다. 출가하기 전이었던 부처님에게 자식은 걸림돌이었던 것이다. 또 다른 집착이 생겼다는 한탄이었을지도 모르겠다. 하지만 '라후라'가 태어났기에 출가도 쉬워질 수 있었다. 왕위에 대한 부담이 적어졌기 때문이다. 그리고 후에 보면 '라후라' 역시 부처님의 제자로서 깨달음의 삶을 걷게 된다. 아마 부처님도 나중에는 아이의 이름을 '라후라'라고 지었던 것을 미안하게 생각하였을지도 모르겠다. 아니면 '라후라'를 부를 때마다 입가에 미소를 지었을 수도. 우리에게 자식은 여러 가지 이유로 기쁨이 되기도 하고, 고통이 되기도 한다. 그리하여 궁극적으로는 내 깨달음의 근원이 된다.

자식이라는 단어를 보면서 우리는 생각에 잠길 수 있다. 자식(子息)이라는 말의 한자를 살펴보면 '식(息)'은 숨을 쉰다는 의미를 담고 있다. 아들은 부모에게서 받은 숨을 쉬며 세상과 소통하고 있는 것이다. 한자의 연원을 찾아보면 다른 해석이 가능할지 모르나 우선 보기에는 자식은 숨을 쉬고 있는 아이인 것이다. 생각해 보면 태어나서 숨을 쉬고 있는 것만으로 나에게 기쁨이 되는 존재라는 의미도 되는 듯하다. 자식은 그 자체만으로도 기쁨일 수 있다. 그런데 우리는 자식에게 너무 많은 것을 바라고 있다. 그래서 자식은 우리에게 아픔이 되기도 한다.

생물학적으로 보면 자식은 내 유전자를 물려받은 가

장 나다운 존재이기도 하다. 유전자 검사를 해 보면 금방 부모 자식 사이임을 알 수 있다는 것은 두려운 일이기도 하고 놀라운 일이기도 하다. '부자유친(父子有親)'이라는 말도 부모와 자식이 친해야 한다는 의미이기도 하지만 '닮았다'는 의미이기도 하다. 자식은 많은 점에서 나와 달라 보이지만 실은 모든 측면에서 나와 통하고 있는 존재이기도 하다. 내 자식이 애틋한 것은 내가 이미 그 길을 걸어 왔기 때문이다. 사람에게는 잘나면 잘난 대로, 못나면 못난 대로 고통이 있다. 그 고통스러움을 잘 알고 있는 나이기에 자식이 안타까운 것이다. 나와 같이 키우지 말아야지 하는 마음에 다그치며 아이를 키우지만 아이는 어느새 예전의 내 방황을 닮고 있다. 그래서 자식을 키우는 것이 아픈 일이기도 하다.

서양의 성자라 불리는 아우구스티누스의 『고백록』을 보면서 부모의 역할에 대해서 생각을 더 해 보게 되었다. 아우구스티누스가 젊은 시절 온갖 타락 속에 빠져 있자 어머니는 걱정 속에서 주교님을 찾아가 아들을 바른 길로 이끌어 달라고 울며 매달린다. 그 때 주교께서 어머니께 해 주신 이야기는 "눈물의 자식은 망하지 않습니다."라는 말이었다. 그 후 시간은 좀 더 지났지만 아우구스티누스는 어머니의 바람대로 성자가 되어 돌아온다.

책을 덮은 뒤에도 '눈물의 자식'이라는 표현이 한참 동안 가슴에 남아 있었다. 엇나가는 자식을 위해서 우리는 얼마나 눈물로 기도를 해 보았을까? 답답해하고 화를 낼 뿐 눈물은 빠져 있지 않았나 싶다. 자식이 방황할 때, 타락에서 헤어나지 못할 때, 지쳐 쓰러져 있을 때 부모가 할 수 있는 가장 큰 일은 눈물로 아이를 위해 기도하는 것이다. 그런데 우리는 그저 화를 내며 못마땅하다고 이야기한다. 자식을 위한 눈물은 어디에 갔는가? 자식을 제 길로 돌아오게 만드는 것은 부모의 눈물이다. 부모의 간절한 바람이 자식을 바로 세운다.

우리말에는 자식과 관련된 여러 속담이 있다. '무자식이 상팔자', '열 손가락 깨물어 안 아픈 손가락 없다', '가지 많은 나무에 바람 잘 날 없다' 등의 말은 모두 자식 키우는 어려움을 보여 준다. 하지만 '사랑은 내리사랑'이라는 말이 정답을 이야기한다. 부모는 자식을 어떠한 조건 없이 사랑하는 존재이다. 내 아이들에게 사랑한다는 말을 들려주고 싶다. 사랑한다.

아버지

외롭고 그리운 이

'아버지'라는 단어는 우리에게 특별한 느낌을 준다. 보통은 '엄격하다, 자상하다, 무뚝뚝하다' 등의 어휘들로 표현되는 존재이다. 사람마다 아버지에 대한 느낌들은 모두 다르지만 아버지가 무언가 특별한 감정을 불러일으키는 것은 틀림없다. 생각해 보면 우리는 신을 '아버지'라고 부를 정도로 아버지에 대한 특별한 마음을 가지고 있지 않은가 한다.

한동안 아버지가 책이나 텔레비전 프로그램의 주요 소재가 되었던 적이 있다. 1997년 무렵이었던 것으로 기억하는데 그때는 우리나라가 경제 위기 속에 빠져 있던 시절로 아버지의 존재에 대한 사람들의 생각이 달라졌던 시기가 아니었을까 한다. 우리가 어릴 때 아버지는 슈퍼맨이었고 영웅이었다. 아버지께 부탁하면 안 되는 것이 없었다. 뭐든지 다 만들어 주시고, 고쳐 주시고, 사 주시는 분이었다. 아이들의 장래희망에 아버지처럼 되는 것이라는 답이 많이 나오는 것도 이러한 이유 때문이었을 것이다. 그런데 경제위기가 오면서 아버지도 할 수 없는 일이 있고, 아버지도 약하신 분이라는 것, 아버지도 눈물이 있다는 것을 알게 되었던 것이다. 하루아침에 직장에서 잘리고 길거리로 내 몰린 아버지의 모습은 충격적이었다. 더 이상 아버지는 슈퍼맨이 아니었다. 책과 텔레비전 속의 아버지는 때로 힘이 없고, 나약하고, 자식을 위해서는 그저 몸밖에 내어줄 것이 없는 존재로 그려지기도 했다. 그래서 많은 사람들이 울면서 아버지의 모습을 바라보기도 하였다.

사실 아버지는 슈퍼맨이 아니다. 똑같은 인간에 불과하다. 하지만 언제부터인가 아버지는 슈퍼맨이 되어야 했다. 좋은 아버지가 되기란 여간 어려운 것이 아니다. 요즘에는 예전보다도 더 큰 능력이 있어야 한다. 집안의 경제를 책임지는 역할뿐 아니라 자상한 아빠의 모습도 더 요구된다. 모든 능력이 있으면서도 따뜻해야 좋은 아빠가 될 수 있다. 그래서 아버지들은 힘들어 한다. 바깥일에, 집안일에, 육아에 이르기까지 아버지의 일은 계속 늘어가고 있다. 맞벌이 때문에 생긴 현상이겠으나 아무튼 아버지 역할의 크기는 점점 늘어나고 있다.

최근의 텔레비전 프로그램도 '아버지' 이야기가 대세이다. 예전과는 달리 힘든 아버지의 모습보다는 다정한 아버지의 모습을 담고 있는 것이 주요 특징이라고 할 수 있을 것 같다. 아빠들이 어린 아들이나 딸들과 퀴즈를 맞히고, 같이 여행을 가서 음식을 해 먹는 모습이 인기를 끌고 있다. 집집마다 가족 캠핑이 늘고 있다고 하니 텔레비전 속의 모습이 단순히 꾸며진 내용은 아니라는 생각도 든다. 가족과 함께하는 아버지의 모습이 이제는 정상적인 것이다. 아버지가 경제적인 것뿐만 아니라 정서적으로도 가족을 돌봐야 하는 것이다.

이렇게 좋은 아빠가 되어야 한다고 스스로 끊임없이 생각하는 것을 '좋은 아빠 콤플렉스'라고 한다. 좋은 아버지가 되어야 한다는 강박관념 속에 살고, 그렇지 못한 스스로를 자책하는 콤플렉스인 것이다. 나는 아버지가 슈퍼맨이 되어야 하는 사회가 사실 부담스럽다. 복잡한 바깥일과 함께 가족의 일들이 머릿속에 자리하고 있는 것이 때로 힘겹다. 아마 나뿐 아니라 많은 이 시대의 아버지들이 이런 콤플렉스를 갖고 있을 것이다. 그리고 다양한 이유로 아버지의 역할을 힘들어 할 것이다. 종종 아버지라는 사람들도 위로를 받고 싶은 때가 있기 때문이다. 사실 아버지가 기댈 곳은 참 적다.

하지만 다시 생각해 보면 좋은 아버지가 된다는 것은 즐거운 일이기도 하다. 아이들의 모습에서 어린 나를 발견하고, 아이들의 외로움과 괴로움을 달래주는 일은 아프면서도 기쁜 일이다. 아이가 넘어지면 얼른 달려가 일으켜 주고, 아이가 먹고 싶어 하는 것을 구해 오고, 아이가 가고 싶어 하는 곳에 함께 가는 것은 모두 나에게도 행복이 된다. 나는 나의 아버지의 아들이면서 내 아이들의 아버지이다. 내 아들도 나중에 아버지가 될 것이다. 아버지로 사는 일이 때로는 힘이 들지만 나에게 '즐거운 콤플렉스'가 되기를 희망한다. 그래서 아이들에게 내가 그리운 아버지가 되었으면 한다. 내게 늘 아버지가 그리운 것처럼.

'피에타'와 '헬로 고스트'

부모가 있는 사람은 사람다워야 한다

영화를 보러 가면 설레야 하는데, 영화 '피에타'는 불편한 마음을 안고 가게 되었다. 잔인한 영화에 대한 거부감이 많은 나에게는 김기덕 감독의 피에타가 애당초 맞지 않는 영화였기 때문이다. 그럼에도 보러 가게 된 것은 가족에 관한 영화이고, 특히 어머니에 관한 영화이기 때문이었다. 헌데 그날 피에타를 보러 가기 전에 우연히 텔레비전을 통해 다시 보게 된 영화는 차태현 주연의 '헬로 고스트'였다. 영화의 뒷부분 장면이 새삼스럽게 강한 인상으로 다가왔다. 아마도 피에타를 보러 가려는 생각 때문이었을 것이다.

'헬로 고스트'는 고아로 자란 한 청년에게 '변태 할아버지, 골초 아저씨, 울보 아줌마, 만화영화를 좋아하는 아이'

의 귀신들이 눈에 보이는 설정이다. 네 귀신들의 소원을 들어주어야 더 이상 나타나지 않겠기에 열심히 소원을 이루어주게 된다. 그리고 마지막에 울보 아줌마가 싸 준 김밥을 먹다가 김밥 속에 시금치 대신 들어있는 미나리를 보고, 어릴 때 어머니가 시금치 대신 미나리를 넣었던 기억과 함께 자연스럽게 자동차 사고로 일가족을 모두 잃었던 기억을 떠올린다. 차 사고로 가족을 모두 잃었고, 본인만 엄마 품에서 구사일생으로 살아났던 것이다. 그 때 충격으로 기억을 잃었는데, 미나리를 통해 기억을 되찾게 된다.

그 귀신들을 다시 만났을 때, 그들이 모두 자신의 할아버지, 아버지, 어머니, 형이었음을 알게 된다. 그들의 소원도 모두 자신을 알리려고 보내는 죽은 이의 신호였던 것이다. 그때서야 사고로 죽은 가족들은 한시도 자신의 곁을 떠나지 않았었음도 알게 된다. 그동안 찍은 자신의 독사진마다 가족들이 함께 있었음도 보게 된다. 가족은 눈에 보이든 보이지 않든 늘 나와 함께 함을 보여 주는 영화이다. 특히 부모님. 돌아가셨다고 나를 떠나는 것이 아니라는 것, 부모 없이 태어난 자식은 없다는 것을 가슴 아프게 들려준다.

그런데 사람들은 부모가 살아있든, 돌아가셨든 간에

마치 부모는 나와 함께 하지 않는 것처럼 행동한다. 피에타의 주인공은 이런 '자식'의 전형이다. 부모 없이 자랐기 때문에 악행에도 거리낄 것이 없다. 죄책감도 없다. 그저 닥치는 대로 살아갈 뿐이다. 완전히 악마 같은 존재이다. 사채를 빌린 사람이 돈을 못 갚으면 일부러 신체를 훼손시켜 보험금으로 돈을 대신 받는 인간 말종인 것이다. 자신이 그렇게 살게 된 것은 모두 부모가 나를 이 세상에 내팽개쳐 놓았기 때문이다.

그런 주인공에게 그를 낳자마자 버렸다고 주장하는 어머니가 나타난다. 처음에는 강하게 거부하지만 점차로 마음을 열게 된다. 그리고 주변 사람들에 대한 태도도 바뀌게 된다. 어머니가 있는 것과 없는 것은 큰 차이가 있었던 것이다. 어머니가 날 지켜본다는 것, 모든 이에게 어머니가 있다는 것을 깨달으면서 삶이 변화하기 시작한다. 하지만 마지막 부분에 반전이 일어난다. 사실 그 어머니는 주인공 때문에 자살한 사람의 어머니였고, 가족을 잃은 고통을 느끼게 해주려고 일부러 어머니인 척을 했던 것이다. 그리고 그 여인은 주인공 앞에서 자살을 한다. 오열하던 주인공은 어머니를 묻으려다 모든 사실을 알게 된다. 하지만 주인공은 마음이 크게 달라지지 않는다. 사실 주인공에게 어머니가 없었던 것은 아니다. 눈에 보이지 않을 뿐 언제나 함께 하고 있었던 것이다. 그것을 알게 된 것이다. 그리고 속죄의 마음으로 자신이 괴롭힌 이의 차 아래에서 자살을 한다.

　우리는 가족이 눈앞에 안 보이면 없다고 생각한다. 부모님이 돌아가시면 나를 떠났다고 생각한다. 하지만 생각해 보면 부모님은 한시도 우리 곁을 떠난 적이 없다. 우리가 부모님을 기억하면 할수록 우리 곁에 오래 머물러 계신다. 부모가 있는 사람은 사람답게 살아야 한다. 그런데 부모가 없는 사람은 없다. 보이지 않는 경우가 있을 뿐. 우리는 모두 사람답게 살아야 한다. 피에타와 헬로 고스트가 이 이야기를 들려주고 있다.

|제2부|

우리, 둘러보다

생각 | 거짓 | 원수, 원쑤, 웬수 | 사이가 좋다 | 따라하다 | 토닥임 | 퇴계 선생 | 간디의 자서전 | 동네 목욕탕 | 친구 엄마의 목소리 | 노후 준비(老後 準備) | 스마트폰 | 별 | 스펙(spec) | 일 | 관광(觀光) | 여행(旅行) | 군사부일체(君師父一體) | 선생과 스승 | 저녁놀 | 지옥(地獄) | 빌다 | 감정이입(感情移入) | 하얀 찔레꽃

생각

서로를 위한 마음

어느 날 문득 '생각'이라는 단어에 생각이 멈췄다. 생각이라는 말은 한자어가 아닌데도 한자가 아닐까 하고 여러 의견이 많은 단어이기도 하다. 생각의 의미를 생각해 보면서 여러 의문이 들었다. 인간은 '생각하는 갈대'라고 할 정도로 생각은 인간의 특징이라고 이야기하곤 한다. 그런데 우리는 왜 생각을 하는 것일까? 우리는 무엇을 생각하는 것일까? 그리고 어떻게 생각하는 것일까? 인간의 사고는 어떤 의미가 있는 것일까? 의문이 꼬리를 물었다.

생각은 참으로 대단한 것이다. 생각이 없었다면 문명의 발달도 없었을 것이다. 우리는 '생각만 해도'라는 표현을 쓴다. 생각만 해도 기분 좋은 경우가 있고, 생각만 해도 무섭고, 두려운 경우가 있다. 어떤 때에는 생각조차 하기 싫어 도리질을 치기도 한다. 좋은 생각만 하면서 살 수 있다면 그것으로 행복한 것이다. 좋은 사람을 만나고, 좋은 이야기를 듣고, 좋은 것을 보면 좋은 생각이 날 가능성이 많다. 사랑하는 사람과 금방 헤어져 놓고도 그대 생각에 설레는 것은 안타까운 행복이다. 생각은 이렇듯 우리 일상에 꼭 붙어 있다.

그런데 생각은 왜 하는 것일까? 어떤 생각이 좋은 것일까? 한참 동안 고민하던 중에 문득 본 한자 '생각 상(想)'에서 답이 풀렸다. 아니 풀리는 느낌이 들었다고 하는 표현이 정확할 것이다. 갑자기 머릿속이 환해지는 느낌을 받았기 때문이다. 한자를 가만히 보면 형성문자라고 해서 뜻에 해당하는 부분과 소리에 해당하는 부분으로 나누어지는 경우가 있다. 그런데 소리를 나타내는 부분의 한자도 아무 한자나 가져다 쓰지 않았을 것이다. 소리에 해당하는 한자의 선택에도 이유가 있고, 의미가 있지 않을까 한다. 형성문자에 해당하는 한자들을 하나씩 풀어보면 재미있는 답을 얻을 수 있을 듯하다. 언어와 문자에 관심이 있는 분들께 권해 본다.

생각 상(想)이라는 한자는 '심(心)'이라는 의미에 해당하는 부분과 '상(相)'이라는 음에 해당하는 부분이 합쳐져 만들어진 글자이다. 그런데 여기서 상(相)은 '서로'라는 의미를 가진 한자다. 즉, 한자 생각할 상을 나누어 보면 서로에 대한 마음이라고 할 수 있다. 근본적으로 생각은 대상이 있는 것이고, 그 대상은 서로인 경우가 많다. 서로에 대한 마음이 생각이라면 어떤 생각이 좋은 생각인지도 알 수 있을 것이다.

서로를 위한 마음, 도우려는 마음이 좋은 생각이다. 남을 해치려 하는 생각은 좋은 생각이 아니다. 못되게 굴고, 위협하는 것은 서로를 배려하는 마음이 아니다. 근본적으로 서로를 생각한다는 것은 그의 행복을 비는 마음인 것이다. '네 생각을 많이 하고 있다'라는 말에는 그리움과 기원이 느껴진다. 나를 생각해 주는 사람이 많다는 말은 나를 걱정하고, 내가 행복하기를 비는 사람이 많다는 뜻이다. 잠자리에서, 아침에 눈을 떠서 생각나는 이가 많은 것은 행복한 일이다. 문득 생각이 나서 입가에 미소짓게 만드는 사람이 우리에게 많아졌으면 좋겠다.

우리에게 어떤 생각은 오래 마음에 머물러 있고, 어떤 생각은 마음을 금세 떠나간다. 그리고 어떤 생각은 마음

속에서 떨쳐 내려고 노력한다. 서로에 대한 생각, 배려, 그리움은 우리의 마음속에 머무르게 하고, 폭력, 미움 등의 나쁜 생각들은 마음 밖으로 흘려보내는 일을 해야 한다. '생각'에 해당하는 한자의 모습이 그런 세상을 보여 준다. 서로를 생각하라고, 서로 사랑하라고. 우리말 '사랑하다'라는 말의 어원이 '생각하다'인 것은 생각의 소중함을 보여 주고 있다.

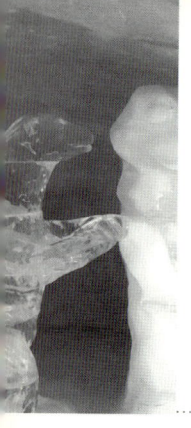

거짓

겉으로만 하는 것

우리말을 공부하면서 '거짓'이라는 단어가 늘 신경이 쓰였다. 우리의 삶이 온갖 거짓으로 가득 차 있다는 생각에 고통스러웠기 때문이다. 그래서 거짓이라는 말의 어원을 알면 한국인의 거짓에 대한 태도를 알 수 있고, 거짓을 떨쳐낼 수 있을 것이라는 생각이 들었다.

몇몇 학자들의 논의를 보면서 느낀 것은 거짓은 겉으로 하는 것이라는 점이다. 거짓을 분석해 보면 '겆'을 찾아낼 수 있다. '겆'은 '거죽'과 통하는 말인데, 살이 아니라 겉에 있는 가죽이라는 뜻이다. 거죽은 모음을 바꾸어 '가죽'이라는 어휘가 되기도 한다. 우리말에는 이와 같이 모음을 바꾸어 어휘를 만드는 예가 많다. '넣다/놓다', '앉다/얹다', '마리/

머리', '맑다/묽다' 등이 대표적이다.

'겉'에 해당하는 어휘 중에서 '기역'으로 시작하는 단어를 찾아보니 다양한 모습으로 나타났다. 어떤 어휘의 어원을 찾을 때 기본적인 접근 방법은 같은 자음으로 시작하는 어휘들을 살펴보는 것이다. 물론 첫 자음이 같다고 해서 어원이 같다고 확신할 수는 없다. '겉, 가죽, 거죽, 껍질, 껍데기, 거품, 까풀' 등의 어휘가 모두 동일한 어원의 어휘로 보인다. 또한 '콩깍지'의 '깍지'도 겉이라는 의미를 공유하고 있다. 알맹이가 아니라는 것이다.

거짓을 '겉'으로 하는 것이라고 보면 거짓의 의미에 대한 실마리가 풀린다. 즉, 거짓은 겉으로만 하는 것이고, 진솔한 마음을 담지 않는다는 의미가 되기 때문이다. 거짓은 속에 있는 말을 하지 않는 것이고, 마치 속에 있는 말처럼 이야기하는 것이다. '속이다'라는 말의 어원이 '속에 있는 말'처럼 이야기하는 것이라는 의견은 민간어원으로 보이지만 발상은 재미있다. 종종 민간어원이 우리에게 반성과 깨달음을 주기도 한다.

거짓은 속이 비어 있는 것이기 때문에 '헛것'이라고

할 수 있다. 거짓은 아무리 이야기해도 알맹이가 없는 말이 되고 만다. 우리는 겉으로 하는 말이 아니라 속에 있는, 꽉 차 있는 말을 해야 한다. 거짓의 반대말이 '참'인 것도 생각할 거리를 준다. 어원적으로 '차다'와의 관련성을 명확히 밝히기는 어렵지만 거짓의 의미에 미루어 보면 '가득 차 있는 것', '속이 차 있는 것'이 '참'이라는 생각이 든다. 아마 '찹쌀, 찰지다, 참외, 참기름' 등에서 그러한 의미의 일단을 발견할 수 있을 듯하다. 가득 차 있는 것이 좋은 것이라는 의미를 볼 수 있다. 속이 비어 있는 것은 참이 되기 어렵다.

우리는 거짓을 말하지 말고, 속에 있는 말을 해야 한다. 그러고는 말한 대로 행동해야 거짓이 아니게 된다. 언행일치(言行一致)라는 말은 노력해야 하는 개념이 아니다. 인간은 본질적으로 언행을 일치하게 되어 있다. 속마음은 자연스럽게 표정에 나타나고, 말투에 묻어나게 마련이다. 내가 아무리 속이려고 해도 사람들은 곧 눈치 채고 만다. 어찌 보면 남을 속이는 것은 쉬운 일이 아니다. 오히려 언행일치를 하지 않으려면 노력이 필요하다. 아닌 척 내 속마음을 속이고, 사람들 앞에서 겉으로 다른 표정을 지어야 하기 때문이다.

우리는 속에 있는 말을 하고, 그대로 행동하면서 살

면 되는 것이다. 특히 긍정적인 마음은 더 보여 주면서 살았으면 한다. 보고 싶으면 보고 싶다고 말하고 만나면 된다. 사랑하면 사랑한다고 말하고 사랑을 표현하면 된다. 부모님 목소리가 듣고 싶으면 전화를 해서 안부를 여쭈면 된다. 어려운 사람들에게는 내 아픈 마음을 전달하고 도와주면 된다. 슬픈 사람은 위로해 주고, 잘 한 사람은 칭찬해 주고, 힘든 사람은 격려해 주면 된다. 그것이 내 진실한 감정이다. 내 속마음이 들려주는 이야기에 귀를 기울이는 것이 거짓을 없애는 첫걸음이 될 것이다.

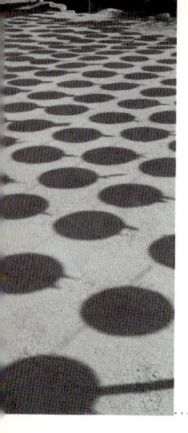

원수, 원쑤, 웬수

사랑해야 할 사람, 사랑하는 사람

'원수'를 사랑하라는 말이 북한에서는 달리 해석될 수 있다. 김일성 주석을 '원수님'이라고 부르기 때문에 '원수'를 사랑한다는 말은 당연하게 받아들여질 수 있다. 우리가 '원수'라고 부르는 적대감 가득한 대상을 북한에서는 '원쑤'라고 한다. 동음이의어를 회피하기 위해서 된소리화한 것으로 볼 수 있다. 아무튼 재미있는 현상이다. 당연히 남한에서는 이러한 현상이 없기 때문에 그냥 '원수'는 동음이의어가 된다.

남한에서는 '원쑤'라는 표현은 없지만 '원수'에서 의미가 분화된 '웬수'라는 표현이 있어서 흥미롭다. 물론 '웬수'도 사전에는 등장하지 않는다. 사전에 없다고 해서 우리말이 아닌 것은 아니다. 사전은 늘 보수적인 경향이 있다. 빠르게 변화하는 언어의 모습을 다 반영할 수는 없는 것이다. 사전에는 없지만 우리가 사용하고 있는 어휘도 상당히 많다. 해마다 새로운 말들도 쏟아져 나오고 있다.

  TV 프로그램에서 한 사람이 설명하면 다른 사람이 답을 맞히는 퀴즈가 있었다. 여기에 할아버지가 나와서 할머니에게 '천생연분'을 설명하면서 '할멈에게 내가 뭐냐?'고 물었더니 '웬수!'라고 대답하였다. 아니 네 글자로 뭐라고 하냐고 물었더니 할머니가 '평생 웬수!'라고 답하였다는 이야기는 사람들의 입길에 오르내리는 재미있는 이야기이다. 생각해 보면 천생연분과 '웬수'는 그리 먼 관계가 아니다. 어쩌면 동전의 앞뒤일 수도 있다는 생각이 든다. 이렇듯 한국어에서 '원수'와 '웬수'는 전혀 다른 의미이다.

  우리가 '웬수'라고 표현하는 사람은 주로 '남편'과 '자식'인 것 같다. 그 중 '자식이 웬수'라는 표현이 어쩐지 제일 익숙한 느낌이다. '자식이 아니라 웬수!'라는 표현도 한다. 버리고 싶어도 버릴 수 없는 사람이 '웬수'의 느낌이다. 자식이야 어쩔 수 없다고 해도 남편은 헤어지면 그만 아니냐고 이야기할 수도 있겠지만 사실 남편도 버려서는 안 되는 존재이다. 예전에는 더욱 그랬다. 남편을 자식 취급하는 부인들이 많은 것도 남편이나 자식이나 '웬수'라는 공통점이 있기 때문은 아닐까 하는 생각이 든다. 왠지 서글프기도 하고 안도감이 들기도 하는 것은 왜일까?

성경에 보면 '원수'는 사랑해야 하는 사람이다. 내가 성경에서 가장 놀라워하는 구절이다. 나에게 잘해 주는 사람도 사랑하기 어려운데 '원수'를 사랑하라니 보통의 경지가 아니다. 성경에 보면 이웃을 내 몸과 같이 사랑하라는 구절도 있다. 그런데 '원수'도 내 이웃 중의 하나가 아닌가? '원수'도 내 몸과 같이 사랑해야 하는 것이다. 참으로 힘들고 고통스러운 일이다. 사랑은 용서와 맞닿아 있다.

'웬수'는 밉지만 미워할 수 없는 사람이다. 불교식으로 이야기하면 '업보'이다. 전생에 내가 지은 죄의 결과이기도 하다. 그래서 애틋하기도 하고, 서운하기도 하고, 화가 나기도 하고, 답답하기도 하고, 슬프기도 하고, 그러려니 생각도 하게 되는 복잡한 관계이다. 불교의 업보라는 말도 내가 볼 때는 용서의 다른 말이다. 머릿속으로는 절대로 이해가 되지 않는 용서가 업보라는 말 속에서는 다 녹아내린다.

'원수'가 사랑해야 할 사람이라면 어쩌면 '웬수'는 사랑하고 있는 사람이라는 생각이 든다. '웬수'는 한국어의 매력이 담겨 있는 단어인 듯하다. '미운 놈 떡 하나 더 준다'는 속담도 '웬수'에게 하는 이야기다. 밉다고 버릴 수는 없는 것이다. 밉지만 더 잘 해 줘야 하는 것이다. 어차피 버릴 수 없는 업보이기도 하고, 내가 사랑하고 있는 사람이기도 하기 때문이다.

사람들에게 '원수'가 줄어들고 '웬수'가 많아지면 세상은 아름다워질 수 있겠다는 생각도 든다. '원수' 같은 사람들도 다 '웬수'가 될 수 있는 사람들이다. 내 주변의 '웬수'들을 생각해 본다. 피식 웃음이 나온다.

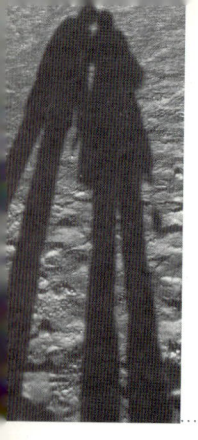

사이가 좋다

서로에 대한 관심이 필요한 사람

'인간(人間)'이라는 단어는 사람의 한자어이다. '인(人)'만 해도 사람이라는 뜻인데, 사이의 뜻인 '간(間)'이 군더더기처럼 붙어 있다. 인간이라는 말은 사람의 사이라는 뜻이 된다. 사람의 사이라는 말이 언제부터 사람이라는 뜻이 되었는지는 잘 알지 못한다. 하지만 왜 '사람 사이'가 사람이라는 뜻이 되었을까는 늘 궁금했다.

불교에서 말하는 중생(衆生)이라는 단어를 보면 중생은 한 명일 때도 사용하지만 여러 명일 때도 사용한다. 어쩌면 혼자 있으면 중생이 아니라는 생각도 든다. 중생의 고통도 혼자라면 짊어지지 않을 수도 있을 것이다. 중생의 행복과 고통은 모두 무리 속에서 이루어지는 것이다. 인간도 마찬가지여서 단수로도 쓰이지만 복수로도 쓰인다. 사람은 혼자 사는 존재가 아니다. 그래서 우리에게는 '사이'가 필요할 것이다. 혼자 산다면 그저 자신을 위해서 살면 그만이다. 자기만족으로 살고, 주변을 돌볼 이유도 없다. 그러면 과연 행복할까? 생각해 보나 마나다.

우리말은 그런 점에서 깊은 생각거리를 준다. 우리말의 '사이가 좋다'라는 말은 '인간'이라는 상황에 딱 맞는 표현이기 때문이다. 각각의 사람이 좋은 것이 아니라 두 사람의 사이가 좋은 것이다. 두 사람이 아무리 잘났더라도 사이가 안 좋은 경우는 얼마든지 있다. 아니 어쩌면 더 많을 수도 있다. 왜냐하면 다른 사람의 필요성을 덜 느끼기 때문이다. 혼자라도 충분하다고 생각하고, 다른 사람을 모자란 사람 취급하면서 사이가 좋아지길 바랄 수는 없다.

사이가 좋아지려면 어떻게 해야 할까? '사이'는 서로를 필요로 하고 서로를 배려할 때 좋아진다. 반대로 이야기하자면 서로에게 필요한 사람이 되려 노력하고, 서로의 배려가 기쁘게 받아들여질 때 사이는 더 좋아질 것이다. 사이가 좋은 사람들을 보면 웃음이 끊이지 않는다. 서로의 작은 행동도 기쁘고, 그래서 미소가 얼굴을 떠나지 않는다. 사이가 좋은 사람들은 서로에 대한 관심도 많다. 작은 변화도 금방 눈치채고, 칭찬도 위로도 후한 편이다.

성경에 '너희 안에 천국이 있다'라는 말이 있는데, 이 말도 '사이'의 중요성을 보여 주고 있다. '너희 안'이라는 말은 몸속이나 마음속이라는 의미보다는 '사이, 가운데'의 의미에 가깝다고 한다. 너 안에 천국이 있는 것이 아니라 너희 사이에 천국이 있다는 말은 깨달음을 준다. 천국은 나만의 문제가 아니다. 천국은 결국 '사이'의 문제인 것이다. 다른 사람의 행복이 나의 행복이라는 것, 다른 사람의 고통이 곧 나의 고통이어야 한다는 간단한 진리를 보여 주고 있다. 내가 행복해지려면 다른 이를 기쁘게 하여야 한다. 다른 사람 눈에 피눈물 나게 하고 내 얼굴에 웃음꽃이 필 리 없다.

천국에 있는 숟가락은 길이가 길어서 먹기에 불편하다는 우화가 있다. 혼자 먹으려고 아무리 노력을 해 봐도 숟가락은 입에 닿지가 않는다. 하지만 서로를 먹여 주면 이야기는 간단해진다. 이 이야기도 사이의 문제를 강조하고 있다. 사람들은 이 이야기를 들으면 금방 이해를 한다. 아니 알 것 같다는 표정을 짓는다. 하지만 이해와 행동 사이의 거리는 여전히 멀다. 자기 입으로 들어가는 음식만을 생각해서는 결코 행복해질 수 없다. 다른 사람의 입으로 들어가는 음식을 생각할 때 행복은 시작된다.

　　인간이라는 말은 근본적으로 사람은 사이가 중요하다는 것을 보여 주고 있다. 인간이라는 단어를 쓸 때마다 내 주변 사람들과의 사이를 둘러보았으면 한다. 관계 맺지 못하고 텅 빈 상태로 놓여있는지, 냉랭함으로 찬 기운이 느껴지는지, 아니면 차곡차곡 따뜻한 기운이 우리 사이를 메꾸고 있는지. 우리는 인간이다. 사이가 좋아야 한다.

따라하다

좋은 점을 닮아가는 것

한국어를 가르치는 교실에서 제일 많이 들리는 표현이 아마도 '따라하세요'일 것이다. 초급의 경우라면 더욱 '따라하세요'가 선생님의 입에 늘 달려 있을 것이다. 사실 외국어든지 모국어든지 간에 모두 따라하면서 배운다. 아이들은 말을 배울 때, 엄마 아빠의 발음, 목소리, 말투까지 따라하며 말을 배운다. 단순히 문법이나 어휘만을 배우는 것이 아니다. 그래서 아이들이 거친 말투를 하면 섬뜩하다. 누군가를 따라하고 있기 때문이다.

외국어를 배우는 것에도 '따라함의 미학'이 있다. 그 말을 쓰는 사람들의 발음, 말투, 몸짓, 때로는 더듬는 표현까지도 따라하려 노력해야 한다. 따라하다 보면 닮게 된다.

그 언어를 사용하는 사람들의 문화도 닮으려고 해야 한다. 그렇게 따라하며 상대의 언어를 배워야 한다. 외국어를 배우면서 그 문화를 나쁘게 이야기하는 사람은 언어를 잘못 배운 것이다. 닮는다는 말은 좋아한다는 말과 통한다. 좋아하지 않으면 닮으려고 하지 않는다. 많은 사람을 따라하고, 닮아가는 것은 좋은 일이다.

부모와 자식도 닮는다. 유전적인 것도 있지만 생활에서 닮는다. 말투도, 걸음걸이도 하나하나 닮아간다. 어느새 아이들은 부모의 모습을 따라한다. 부모가 아이 앞에서 늘 조심해야 할 이유도 거기에 있다. '애들 앞에서 찬물도 함부로 마셔서는 안 된다'는 말의 무거움을 느껴 보라. 반대로 자식 입장에서 보면 부모는 닮아야 하는 존재이다. 닮지 못한 것이 늘 한스러울 뿐이다. 그래서 우리는 불효자를 불초(不肖) 자식이라고 한다. 불초라는 말은 닮지 않았다는 뜻이다. 부모를 닮지 않는 것이 가장 큰 불효이다. 우리는 부모가 내게 준 사랑을 갚고 있는지 늘 부족함을 알고 두려워해야 한다. 부모님이 내게 주신 사랑을 자식에게 잘 베풀고 있는지 늘 어렵다.

사랑을 하면 닮는다고 한다. 얼굴도 닮는다. 연인에

게 닮았다고 하면 칭찬이다. 닮았다는 말은 두 사람이 서로 사랑하는 게 진짜임을 말해 주기 때문이다. 부부에게 오누이 같다고 하는 말도 칭찬이다. 이 말도 닮았다는 뜻이기 때문이다. 만약 그런 소리를 들어본 적이 없다면 스스로의 사랑에 대해서 조금은 의심(?)해 봐야 할 것 같다. 상대방은 의심하지 말고 스스로를 의심하라. 부부끼리는 식성도 닮는다. 결혼을 하고 세월이 지나면 좋아하지 않던 음식도 먹게 된다. 어쩌면 식성도 닮기 위해 노력을 했을지도 모른다. 좋아하는 취미도 닮아간다.

닮기 위해서 때로 따라하는 것이 필요하다. 상대가 좋아하는 일을 좋아하도록 노력하는 것이 필요하다는 말이다. 상대방이 좋아하는 음식을 먹어보고, 상대방이 좋아하는 취미를 나도 해 보아야 한다. 한 사람은 여행을 좋아하고, 다른 사람은 집에 있는 것을 좋아한다면 좋은 일이 아니다. 서로를 인정해 주어 편안해졌다고 말하는 사람을 보게 되는데, 나는 그 사람이 안쓰러워 보였다. 끝내 닮지 않는 부부는 행복한 것이 아니다.

인간은 서로 닮으려는 존재이다. 신이 자신의 모습대로 사람을 만들었다는 말은 큰 깨달음을 준다. 사실 놀라운 선언이 아닐 수 없다. 우리처럼 하찮은 인간이 하나님을 닮았다니 얼마나 감사한 일인가. 인간은 신을 닮아 있는 존재이고, 인간은 신을 닮아야 하는 것이다. 종교에서는 인간을 하나님의 아들딸이라고도 하고, 모두가 부처라고 하기도 한다. 그래서 우리는 나 아닌 다른 사람을 사랑하고, 존중하고, 용서해야 한다.

서로의 좋은 점을 닮으려고 노력하고 인간의 깊은 정수를 닮으려고 한다면 그게 깨달음이겠구나 하는 생각이 든다. 언어도 문화도 삶도 서로를 따라하다 보면 새로운 세상을 만나게 될 것이다. 나도 오늘 아침에 다른 이들을 따라해 보는 즐거운 상상을 해 본다.

토닥임

힘든 어깨를 감싸주는 것

'힐링(Healing)'이라는 단어가 정말로 대유행이다. 한자어로 바꾸면 치유(治癒)가 되는데, 치유라는 말도 여기저기에서 보인다. 육체적인 병 고침만이 아니라 정신적인 고침도 치유라는 말을 쓰고 있는 것이다. 일본 학생들에게 물어보면 일본어에서는 치유는 주로 육체적인 문제에 집중되는 듯하다. '힐링'이나 '치유'를 요즘의 의미를 살려서 순 우리말로 바꾼다면 '어루만짐'이나 '토닥임'이 오히려 어울리지 않을까 한다. 고통이나 외로움을 위로받고 싶은 마음이 '힐링'을 찾고 있기 때문이다. 누군가 내 힘든 어깨를 감싸주고, 토닥거려 주었으면 하는 바람이 '힐링'을 유행처럼 만들어 놓았을 것이다.

내가 힘들 때, 외로울 때, 무언가에 눌려 답답할 때 나에게 따뜻한 이야기를 들려줄 선생님을 만난다는 것은 행복한 일이다. 아무리 힘들어도 만날 수 있는 선생님이 없다는 것은 우리를 더욱 깊은 어둠에 가두는 일이 된다. 종교인들의 말씀이나 존경할 만한 사람들이 들려주는 이야기가 힐링의 방법이 되는 이유이기도 하다. 이렇게 힐링의 방법을 생각해 보면 어떻게 살아야 하는가에 대한 해답도 보인다. 요즘 치유를 위해 유행하는 것에는 '한옥', '옛 노래', '올레길' 등이 있다. 주로 옛 것에 대한 그리움이 치유의 조건이 되는 것이다.

우리는 숨 가쁘게 앞으로만 달려왔다. 주변에 있는 사람은 벗이 아니라 경쟁자일 뿐이었다. 시간이 지나면 지날수록 가까운 친구는 적어지고 마음을 터놓고 만나는 사람도 적어진다. 가족에 충실하다는 말은 역설적으로 주변에 사람이 적어졌다는 말로도 들린다. 가족을 사랑해야 하지만 그리운 벗들도 만나고, 이웃들과 소통도 해야 한다. 이웃사촌이라는 말이 무색하게 우리에게는 인사하는 이웃도 적어지고 있다. 힐링을 위해서는 반가운 사람이 많아져야 한다. 전화 주소록에 이름은 많지만 외로울 때 정작 전화를 걸 수 있는 사람은 거의 없다. 전화를 하면 달려 나오기는 할까?

　　힐링을 위해서 옛 기억을 더듬어 보는 것은 참으로 귀하다. 가족 간에 답답함이 있을 때 예전의 앨범을 찾아보기를 권하고 싶다. 예전의 모습 속에서 웃음도 나올 테고, 애잔함도 피어나게 될 것이다. 동영상이 남아 있다면 더 생동감 있게 과거를 만날 수 있을 것이다. 그런 의미에서 아이들의 동영상, 신혼 시절의 동영상을 많이 만들어 놓을 필요가 있다. 가족 간의 즐거운 모습들은 모두 힐링의 재료가 된다. 우리 가족은 예전의 사진이나 동영상을 자주 보는 편이다. 물론 같이 보는 시간이 많다. 우리가 가족이라는 것, 아이들이 어릴 때는 한없이 예뻤다는 것, 우리의 사랑은 무척이나 깊었다는 것을 새록새록 확인하는 시간이 된다. 여행의 기억을 떠올리고, 나누던 대화를 기억하면서 자연스럽게 마음이 따뜻하게 치유된다.

　　예전에 보던 책을 다시 들추어 보는 일도 재미있다. 행마다 발견되는 메모에서 옛 생각을 만나게 된다. 책에 메모를 하면서 읽어야 할 이유는 두 번 읽을 때 알게 된다. 예전에 좋아하던 노래들은 어떤가? 요즘에는 예전의 노래를 쉽게 찾아 저장할 수 있다. 많은 노래들을 저장해 놓고 들어

보면 과거로 쉽게 여행을 떠날 수 있다. 힐링의 시작은 과거에서 지금을 만나는 것이다. 추억을 되돌아보며 나의 외로움을 치유해 보기 바란다.

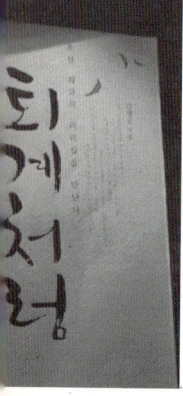

퇴계 선생

다른 이의 고통을 내 고통으로 느낀 이

우리는 퇴계 선생에 대해서 잘 모른다. 한국의 1000원짜리 지폐에 등장할 정도로 우리나라에서 존경받을 만한 분이라는 것과 길 이름에 퇴계로가 있을 정도로 우리 입에 친숙한 분이라는 것이 우리가 아는 거의 전부일지도 모른다. 나 역시도 퇴계 선생의 철학에 대해서 관심은 많지만 좋은 선생님께 차근히 배우지 못해서 사용하신 몇 개의 용어만 아는 정도이다. 퇴계 선생을 잘 모르는 내가, 그럼에도 오늘 퇴계 선생에 대해서 글을 쓰는 것은 퇴계 선생에 관한 책을 보면서 느낀 몇 가지 생각 때문이다. 퇴계 선생의 철학, 인간애는 어디에서 시작되었을까? 퇴계 선생의 전기를 읽어 보면서 참으로 외롭고, 괴로운 분이었을 것이라는 생각이 들었다. 고통이 퇴계 선생을 자라게 하였을 것이고, 깨닫게 하였을 것이다.

퇴계 선생의 아버지는 퇴계가 태어난 지 7개월 만에 돌아가신다. 우리는 쉽게 홀어머니 아래서 자란 사람을 '애비 없는 자식'이라 욕하지만 아버지 없이 자란 사람들의 외로움과 그리움을 상상하기 어려울 것이다. 퇴계 선생은 어머님의 엄격함과 자상함으로 외로움을 이겨내며 성장하게 된다. 어떤 사람은 부모가 없어서 나쁜 사람으로 성장했다는 핑계를 댄다. 하지만 우리가 성자라고 아는 사람 중에 어려서 부모님이 모두 살아있었던 사람은 거의 없다. 인류의 스승들의 전기를 찾아보라. 외로움이 생각을 낳고, 생각이 깨달음을 낳았을 것이다.

퇴계 선생의 결혼 생활도 그다지 행복하지는 않았다. 퇴계가 27세 되던 해에 부인이 둘째를 출산한 지 한 달 만에 세상을 떠난다. 아내를 보내는 슬픔은 아버지 없는 외로움과는 비교하기 어려운 고통이었을 것이다. 게다가 본인도 아버지 없이 힘들게 자랐는데, 어머니 없이 자랄 두 아이를 보는 마음은 얼마나 괴로웠을 것인가? 아이들의 외로움을 어떻게 달래 주었을까? 아이들을 바라보는 애틋한 퇴계 선생의 눈빛이 느껴진다. 아내와 자식은 내 삶의 활력소이며 동시에 내 삶이 되돌아갈 뿌리와 같다.

그러나 퇴계의 슬픔은 거기에서 끝나지 않는다. 겨우 생후 1개월 만에 어머니를 여의었던 둘째 아들은 결혼을 앞두고 그만 비명횡사한다. 그때 퇴계의 나이는 지금 내 나이와 같은 마흔 여덟이었다. 늘 마음 아프게 바라보던 아들이 이제 겨우 결혼하여 안정되게 살겠구나 하고 기뻐하려던 순간에 상상할 수 없는 비극을 만나게 된 것이다. 자식이 부모보다 먼저 죽는 것이 가장 큰 불효라고 할 정도로 자식의 죽음은 고통 그 자체였을 것이다. 자식이 죽으면 가슴에 묻는다는 우리의 속담도 그런 지극한 아픔을 보여 준다. 그뿐 아니라 퇴계 선생은 말년에도 아주 귀하게 생각하던 증손자가 두 돌 무렵 세상을 떠나게 된다. 무척 상심하였다는 기록이 있다.

퇴계는 사회적으로도 고통의 시기를 산다. 퇴계는 살면서 갑자, 기묘, 을사사화를 겪게 된다. 우리 역사상 지식인에게 가장 비참한 사건 중 하나가 '사화'인데, 그 사화를 세 차례나 겪었다는 것은 참으로 힘든 일이었을 것이다. 자신의 생각을 밝히는 것이 두려운 사회, 스스로가 늘 생각을 가두며 살아야 하는 세상은 불행한 사회이다. 자기 검열 속에 자신을 얽매어 놓게 되는 것이다.

　　퇴계의 삶을 보면서 생로병사의 고통이 더 깊게 다가왔다. 정도의 차이는 있으나 우리에게는 누구나 생로병사의 고통이 지나간다. 때로 남의 고통이 나의 고통보다 커 보이고, 때로 내 고통이 세상에서 제일 커 보이기도 한다. 세상의 고통이 모두 내 것인 양 슬퍼하고 괴로워하지만 고통 속에 파묻혀 지내는 것이 바른 삶이 아니라는 것은 생각해 보나마나 분명하다. 고통을 그저 고통으로 머무르게 해서는 안 된다. 내 고통이 커질수록 다른 이의 고통도 내 고통처럼 느껴져야 한다. 그래서 더 인간을 이해하고 사랑하게 되는 깨달음이 생겨야 한다. 퇴계 선생의 삶이 오늘 우리의 고통에 답을 들려주고 있다.

간디의 자서전

진리에 겸손하게 다가간 이

자서전(自敍傳)은 자신이 살아온 길을 솔직하고 담담하게 밝히는 글이다. 그런데 자서전을 읽어 보면 반쪽의 글인 경우가 많다. 자신의 단점이나 나빴던 과거에 대해서는 언급이 없거나 있더라도 슬쩍 이야기하고 지나가는 경우가 많기 때문이다. 자신의 후회스러운 과거를 자세히 적으려면 엄청난 용기가 필요할 것이다. 아니 영영 자서전을 출간하지 못할 수도 있다. 드러내고 싶지 않은 일을 드러내면서까지 자서전을 쓸 필요성을 못 느끼지 않을까?

간디의 자서전을 읽으면서 자서전은 솔직한 글이어야 한다는 점이 새삼스레 다가왔다. 간디는 자서전에 부끄러운 부분을 많이 내보였다. 내가 그동안 본 어떤 자서전보다

본인의 단점을 많이 담은 책이었다. 사실 그러한 이유로 어떤 점에서는 읽기가 불편했다. 전기 독서의 목적 자체가 닮고 싶은 부분을 찾고자 하는 것에 있기 때문이다. 자기 자랑 읽기에 익숙한 독자들에게 간디의 자서전은 쉽지 않은 글일 수 있다.

물론 단점이나 부족한 과거는 몇 가지 의미에서 필요한 요소가 된다. 단점이 꼭 단점은 아니라는 것, 즉 다른 측면에서 보면 장점으로 볼 수도 있다는 이야기를 쓸 수도 있다. 또한 나빴던 과거는 내가 그것을 어떻게 극복했는지를 보여 주는 스토리가 될 수도 있다. 그런데 간디의 자서전을 읽어보면 간디는 그저 자신의 부끄러움을 이야기하고 있는 듯하다. 가식이나 잘난 척하는 모습은 찾기가 힘들었다.

간디의 글을 읽으면서 여러 생각을 하게 되었다. 어떻게 살아야겠다는 강렬함보다는 잠시 생각에 잠기게 하는 잔잔함이 있었다. 특히 종교에 대한 간디의 고백은 간디 선생이라고 불러야 마땅하겠다는 생각을 하게 하였다. 종교를 믿는다는 말은 사실 끊임없이 신, 진리를 알고자 하고, 찾고자 노력하는 것이다. 간디는 그러고자 했던 사람이다. 우리는 보통 종교를 대화의 주제로 삼지 않고자 한다. 왜일까?

그건 다툼의 원인이 되기 때문이다. 안타까운 일이다. 진리를 논하고자 사람이 다른 사람의 진리에 대한 이야기에 화를 내고, 내 진리를 강요하려고 한다면 진리에 다가가는 태도가 아니지 않을까? 진리를 찾으려는 고집은 필요하겠지만, 자신이 알고 있는 것만을 진리라고 우기는 것은 바람직하지 않다. 열려 있어야, 받아들여야 진리를 찾을 수 있다. 진리에 이름을 붙이려 하지 말고, 진리의 가치를 찾아야 한다.

간디는 스스로 신을 찾고 있는 사람이라고 하였다. 그리고 신을 찾기 위해서 가장 소중한 것이라도 희생할 각오가 되어 있다고도 하였다. 진실을 추구하는 것은 교만한 어른에게는 참으로 불가능하게 보여도 순수한 어린이에게는 너무나 쉽다는 말도 했다. 진리는, 진실은 겸손해야 한다는 말이다. 간디의 삶을 통해서 진리를 찾는 소중함을 다시 한 번 깨닫게 되었다.

간디는 자서전에서 자신의 부끄러움 곳까지 보여 주었지만, 그렇다고 간디의 아름다운 가치가 빛이 바래는 것은 아니었다. 오히려 그런 소박함과 겸손함이 더 깊은 깨달음을 안겨주는 것이다. 간디도 나와 같은 사람이라는 생각에 오히려 간디의 삶을 살고 싶다는 생각을 할 수 있지 않을까? 나와 다른 차원의 사람이라면, 그야말로 무결점의 사람이라면 우리는 지레 겁먹고 아예 간디의 생을 따를 생각은 하지 못할 것이다.

간디의 자서전을 읽으면서 나 스스로도 솔직해지고 싶다는 생각을 했다. 얼마나 나는 부족한 존재인가? 그동안 나를 속이고, 사람들을 속이고 살아온 일들이 부지기수가 아니던가? 부끄럽다. 진리를 찾는 길에 나서고 싶다.

동네 목욕탕

추억 여행의 장소

우리 동네는 경희대학교와 한국외국어대학, 한국예술종합학교의 '후문'이 삼각형으로 만나는 곳에 자리한 아파트 단지이다. 정문이 아니어서 그런지 화려한 느낌은 전혀 없다. 대학가라는 생각도 별로 들지 않는 곳이다. 아파트 단지이기는 하지만 아파트가 몇 동밖에 없는 곳이어서 단지라는 느낌은 들지 않는다. 게다가 아파트 단지 위로 단독주택들이 예쁘게 자리하고 있어서 계절마다 색다른 멋을 주는 곳이기도 하다. 반면 건너편의 동네는 잘못 들어가면 길을 잃을 정도로 골목이 요리조리 이어진 곳이다. 실제로 나는 골목을 돌아보다가 길을 잃은 적도 여러 번이다.

대학가에 자리한 동네치고는 예전에나 맛볼 수 있던

동네 풍경이 그대로 남아 있기도 하다. 아파트 건너편에 골목으로 이어진 마을이 아직 있는 것이 이유가 될 것이다. 오늘 이야기하려고 하는 만복탕도 어릴 때의 추억을 그대로 안겨 준 곳이다. '만복탕'이라는 대중목욕탕은 40년이나 된 곳이다. 내가 갔을 때는 손님이 아무도 없었다. 탕의 물도 새로 받아야 했다. 때밀이 아저씨도 거의 목욕탕과 세월을 같이 하였다고 하니 탕의 모습이 상상이 갈 것이다. 목욕탕 안에 있는 물건, 포스터, 안내문도 거의 원래의 모습에서 변한 게 없다고 한다. 마치 세월 여행을 하는 느낌이 들었다. 심심해 보이는 아저씨께 때 미는 것을 부탁하고, 탕에 혼자 앉아 이 생각 저 생각을 하다가 집으로 돌아왔다. 그 때까지도 손님은 나 혼자였다. 나오면서 병 우유를 하나 마시고 나올 걸 하는 아쉬움이 남았다. 목욕탕은 수요일에 쉰다고 하였다. 생각해 보니 예전에도 동네 목욕탕은 수요일에 쉬었다. 왜 수요일에 쉬는 걸까? 물 수(水)와 관계가 있지 않을까 하고 어릴 때 생각했던 기억이 갑자기 떠올랐다.

가족들과 집에서 삼겹살을 구워먹을 때는 동네의 정육점에 간다. 가끔 정육점 앞에는 '소 들어오는 날'이라는 깃발이 펄럭인다. 그야말로 향수를 자극하는 '노스텔지어의 깃발'이 아닐까 한다. 주인아주머니는 동네의 사정을 다 알고 있다. 동네의 역사도, 동네 가게의 옛 주인도 다 잘 안다. 한 번 두 번 가다 보니 나도 동네의 옛 모습을 그릴 수 있게 되었다. 이제는 소가 들어오는 날을 미리 물었다가 질 좋은 고기를 살 수 있게도 되었다.

동네의 구멍가게도 옛 기억을 되살려 준다. 가게의 벽을 보면 영수증이 가득 붙어 있다. 영수증 아래 이름이 쓰여 있는데 모두 외상의 흔적이다. 동네 사람들이 급하게 사 가거나 밖에 나왔다가 사야 할 것이 생각 난 경우에는 돈이 없어도 그냥 사 간다. 믿고 물건을 파는 것이다. 사실 동네 가게는 외상이 기본이다. 해 보지는 않았지만 나도 슬쩍 외상을 달라고 해 볼까 하는 충동도 생긴다.

그 옆에 있는 약국도 동네의 역사이다. 병원 근처여야 약국이 장사가 되는 요즘, 오로지 동네 사람들만 대상으로 약을 파는 약국이 버티기 힘들 것이다. 그러나 그 약국은 말 그대로 동네 사랑방이다. 늘 아주머니들이 그득하다. 약국이 주목적이 아니겠구나 하는 생각도 든다. 내가 어릴 적에도 약국의 약사는 약국 아주머니의 느낌이 강했다. 언제나 동네 아주머니들이 약국에 모여 이야기를 나누고 있었다. 밤늦게 누가 아프기라도 하면 뛰어가서 닫힌 약국의 문을 두드렸다. 그러면 아무리 늦은 시간이라도 문을 열어주셨다. 걱정 가득한 모습으로.

하지만 이 동네의 가게들도 하나둘씩 문을 닫아가고 있다. 이미 옛 모습의 세탁소도 녹슨 간판만 남아 있다. 가게가 나간 자리에는 카페가 들어오는 경우가 많다. 구멍가게 아래로 이미 여러 편의점이 들어와 있다. 정육점도, 약국도, 목욕탕도 모두 나이 드신 분들이 한다. 앞으로 추억은 사라질 것이다. 6~70년대와 같은 모습으로 남아 있는 가게들도 사라지게 될 것이다. 아이들에게 우리 동네에 남아 있는 옛 기억을 보여 주고 싶었다. 아이에게 다음 주에 '만복탕'에 같이 가자고 했다. 싫단다.

친구 엄마의 목소리

들을 일이 없어진 소리

제목만 보면 왠지 괴기한 이야기가 생각날 것이다. 하지만 오늘 이야기는 그냥 친구 엄마의 목소리에 관한 이야기니 염려할 필요는 없다. 최근에 여러분은 친구 엄마의 목소리를 들어본 적이 있는가? 실제 만나서 듣는 목소리 말고, 전화로라도 목소리를 들은 적이 있는가? 아마 거의 없을 것이다. 특히 전화로 들을 일은 더더욱 없을 것이다. 우리는 친구 엄마의 목소리를 잊고 살아가고 있다.

한국어 교재를 만들다 보면 예전에 제일 많이 등장하는 대화 지문 중 하나가 전화 통화에 관한 것이었다. 듣기 중에서 전화 듣기가 어렵기 때문이었고, 실제로 전화로 이야기를 나눌 기회도 많았기 때문이었다. 전화 대화의 상황은 늘 이랬다. 친구 집에 전화를 걸면 꼭 어머니가 받는다. 아버지가 받는 경우는 잘 없다. 이상하게도 예전에 보면 집 전화는 주로 어머니가 받았다. 어머니가 전화를 받으면 어머니의 안부를 간단히 묻고, 친구를 바꿔달라고 하는 것이 전화 대화의 시작이었다.

그런데 요즘에는 이런 상황 자체가 잘 성립이 안 된다. 친구 집에 전화를 거는 일이 잘 없는 것이다. 아마 친구의 집 전화번호를 아는 사람도 거의 없을 것이다. 친척이 아니라면 다른 사람 집에 전화를 걸 일도 거의 없을 것이다. 최근에 다른 사람 집에 전화를 걸어 본 경험이 있는가? 당연히 친구 가족의 목소리를 들을 일이 없다. 친구 어머니께 전화를 바꿔달라고 부탁할 일도 없어진 것이다. 그러니 친구 가족의 목소리를 알 턱이 없는 것이다. 친구 가족의 목소리를 모르고, 친구 가족의 안부를 물을 일이 없어진 이 사회가 좋은 것인지 상념이 생긴다.

예전에는 친구 집에 전화하면서 두근거림이 많았다. 늦은 시간에 전화를 하는 경우에는 죄송스러움이 한가득이었다. 이성친구의 집에 전화하는 경우에는 말도 못하는 긴장감이 있었다. 사귀는 사이가 아닌데도 의심이 묻어나는 목소리를 듣게 되었고, 전화 건 사람의 목소리는 기어들어

가는 경우가 많았다. 물론 진짜 사귀는 경우에는 말로 할 수 없는 떨림이 있었다. 보통은 서로 약속 시간을 정하고 전화를 걸지만, 그래도 눈치 없는 아버지가 꼭 그럴 때만 먼저 받으시고는 누구냐고 낮은 목소리로 물으시곤 했다. 생각만 해도 싸늘한 장면이 아닐 수 없다.

한동안 방마다 한 대씩 전화를 놓으라는 광고가 텔레비전에 나왔었다. 더 이상 다른 사람의 눈치를 보지 말고 전화를 걸고 받으라는 혁명적인 이야기였다. 그래도 집의 전화번호가 하나여서 다른 사람이 먼저 수화기를 들 가능성은 언제나 열려 있었다. 전화를 바꿔주는 상황은 여전히 유용한 것이다. 두 사람이 동시에 수화기를 들거나 다른 사람의 전화를 엿듣는 상황이 드라마에 자주 등장한 것도 이 때였다.

휴대전화가 보편화되면서 이제 친구 집에 전화 걸 일이 없어졌다. 친구 가족의 목소리도 들을 일이 없어졌고, 자식 친구의 목소리를 들을 일도 없어졌다. 친구의 어머니를 '어머니'라고 부르는 일도 적어졌고, 자식의 친구를 '자식처럼' 대하는 일도 드물어졌다. 세상이 개인적이 되었다는 말은 이러한 상황을 두고 해야 하는 말이다. 서글픈 일이다. 자신의 가족만 가족이 되는 사회가 된 것이다. 예전에는 친구의 가족도 다 가족이었다. 가족의 범위가 넓은 세상이 좋은 세상이다. 나를 가족처럼 대해주는 사람이 많으니 행복할 수밖에.

요즘에는 집 전화는 가족 말고는 거의 사용하지 않는 것이 아닌가 하는 생각이 들 정도로 조용하다. 아무데서도 걸려오지 않는 집 전화를 보면서 예전에 자주 하던 그리운 표현들이 떠오른다. 친구 엄마의 목소리가 들리는 것 같다. '애야, 전화 왔다. 전화 받아라!', '잠깐만 기다리세요.', '어머니 건강하시죠? 진수 있어요? 진수 좀 바꿔 주세요.', '요즘에는 왜 안 놀러오니?', '너희 어머니도 안녕하시지?' 등등. 무척 그립다.

노후 준비(老後 準備)

필요 없는 게 좋은 것

너나 할 것 없이 사람들은 만날 때마다 노후 준비를 이야기한다. 행복한 노후를 위해서는 돈이 얼마가 필요하다든지, 자식에게 폐가 안 되려면 어떤 보험을 들어야 한다든지 하는 말을 한다. 그러고는 노후에 외로울 수 있으니 동호회 활동을 해야 한다든지, 취미를 개발해야 한다든지 하는 말들도 한다. 모두에게 노후가 걱정되는 세상이 되어 버렸다.

한마디로 말해서 '노후 준비가 필요한 세상은 불행한 세상'이다. 생각해 보면 예전의 노후 준비는 자식을 잘 키우는 것, 마을 사람과 잘 지내는 것이었다. 그거면 충분하였다. 굳이 덧붙이자면 건강을 잘 유지하는 것 정도였을 것이다. 지금도 한국의 농촌을 가서 보면 예전과 별반 달라진 점이 없다. 정년이 있는 것도 아니고, 명퇴가 있는 것도 아니다. 그러니 새로운 일자리를 구할 필요도 없는 것이다. 엄청난 연금이 필요한 것도 아니다.

할 일이 있으니 외로울 새도 없고, 심심할 새도 없다. 마을 사람들이 늘 함께 있으니 새로운 동호회에 들 필요도 없다. 조금 더 몸이 힘들어지면 바깥일보다는 소소한 집안일들을 하였을 것이다. 손주들을 돌보는 일은 당연한 일이었을 것이다. 할아버지, 할머니가 손주들을 예뻐하는 것은 '본능적'인 것이다. 인류의 발전을 생각해 볼 때 조부모의 손주 사랑이 큰 역할을 하였을 것이다. 아이를 맡긴다는 개념도 필요 없었다.

부모는 자식을 정성껏 키우고, 자식은 부모를 정성껏 봉양하여야 한다. 요즘의 부모들은 먼저 나서서 자식의 부모 봉양 길을 막으려는 경향이 있다. 자식과 살지 않겠다고 선언하는 부모가 대부분이고, 자식에게 용돈이 필요 없다고 하는 경우도 많다. 자식들도 그런 부모의 말씀은 참 잘 듣는다. 연금은 정부나 보험 회사로부터도 받지만 자식이 드려야 하는 의무이기도 하다. 설령 받지는 않더라도 부모 봉양의 마음만은 잘 가르쳐야 하고, 자식들은 마음에 잘 새겨야 한다.

보험이 필요하고, 은행이 필요한 사회는 불행한 거다. 예측할 수 없는 일로 문제가 발생하면 십시일반으로 친척이나 마을 사람들이 도와주고, 그래도 안 되면 나라가 도와주는 것이 어찌 보면 정상적인 사회라 할 수 있다. 은행도 마찬가지이다. 내가 남은 것이 있으면 어려운 주변 사람을 위해서 쓰고, 내가 어려우면 주변 사람들에게 도움을 청하면 되는 것이다. 나중에 혹시나 발생할지도 모르는 '뭔 일'을 위해서 주변 사람들이 힘들어 하든지 말든지 간에 보험사나 은행에 차곡차곡 돈을 맡겨주는 사회를 아름다운 사회라 할 수는 없다.

하지만 나도 잘 알고 있다. 이것이 엄연한 현실이 되었음을. 우리는 예전처럼 농사를 지으며 대가족이 모여서 오순도순 살지 않는다. 자식들은 취직을 어려워하고, 직장에 들어가도 부부가 맞벌이를 하지 않고는 살지 못한다. 육아 때문에 고민이 많고, 멀리 있어도 가장 안심이 되는 부모께 아이를 맡기고 싶어한다. 손주를 돌보는 개념이 아니라, 손주를 맡아 키우는 개념으로 변해 버렸다. 그렇게 벌어도 집 장만이 어렵고, 언제 회사에서 잘릴지도 모른다. 자식에게 노후를 맡기기에는 자식들의 어깨도 무겁다.

　나이를 먹으면 대도시에는 친구도 없고, 소일거리도 없다. 어떤 식으로든 삶의 의미를 찾을 수 있는 일이 필요하다. 그를 위해 의미 있는 취미생활을 하든지 봉사를 하든지 간에 노후에 할 일을 준비해야 할 것이다. 노후 준비가 반드시 필요한 세상이 된 것이다. 그럼에도 오늘 노후와 관련된 이런저런 이야기를 하는 것은 세상이 변하여도 우리가 중요하게 생각했던 가족의 가치, 노년의 가치에 대해서 생각해 보는 시간을 갖자는 뜻이었다.

스마트폰

헛똑똑이가 될 수 있는 전화

스마트폰의 노예가 된 사람들, 특히 어린아이들이나 청소년들에게 스마트폰의 폐해는 심각하다. 집집마다 스마트폰 때문에 전쟁이다. 예전에는 컴퓨터 게임을 많이 한다고 혼을 냈지만 이제 스마트폰 앞에서는 방법이 없다. 방문을 닫고 들어가면 스마트폰의 세상이 펼쳐진다. 무한정 게임을 하고, 밤새도록 채팅을 하고, 음란물을 보아도 제지할 방법이 없다. 아이들은 오히려 조용한 밤 시간에 활발히 스마트한 활동을 한다. 요즘 가정불화의 원인은 스마트폰인 경우가 많다. 아이들과 큰 소리가 나는 것도 스마트폰 사용 때문이다. 스마트폰을 안 사주면 되겠지만 그러면 더 큰 분란이 생긴다. 분란뿐만 아니라 아이들이 학교에서 따돌림 당하기 일쑤다. 도무지 방법이 없어 보인다.

정보를 손 안에서 찾을 수 있게 하고, 모르는 길도 찾아주고, 지하철 시간도 알려주고, 사진기도 되고, 책도 되고, 영화관도 되고, 음악 감상실도 되고, 지갑의 역할도 하고, 은행 업무도 볼 수 있으니 스마트폰은 그야말로 꿈의 기계가 아닌가? 무료한 시간을 달래주고, 나를 웃게 하는 친구가 되기도 하니 스마트폰은 분명 천사임에 틀림없다는 생각도 든다. 하지만 한시도 스마트폰을 손에서 떼어 놓기 어렵고, 집에 와도 휴가를 떠나도 일에서 해방되는 것도 아니고, 혹시 전화를 받지 못했을까 늘 불안해하고, 내 정보를 다른 사람이 알아낼까 두렵고, 어디를 가든 추적이 가능하니 내 손에 있는 악마가 아닌가 하는 생각도 든다.

나는 스마트폰 제조사들에게도 큰 문제가 있다고 생각한다. 파는 것에만 관심이 있지, 문제점에는 관심이 없는 것이다. 나는 경우에 따라서는 술이나 담배보다 스마트폰이 나쁘다고 생각한다. 담배 회사는 금연을 위해 노력하는 모습을 보이지만 스마트폰 제조사는 어떤 노력을 보이는가? 아이들의 피폐해진 정서와 가족 간의 갈등의 책임은 누구에게 있는가? 그럼에도 드라마마다 경쟁적으로 새로운 스마트폰 간접 광고에 열을 올린다. 희한하게도 가난한 주인공도 꼭 최신식 휴대전화를 쓴다. 그러니 학생들이 새 휴대전화에 열광할 수밖에 없을 것이다. 실현 가능성은 낮아 보이지만 술이나 담배처럼 스마트폰 광고를 금지한다든가, 휴대전화 사용 장면을 모자이크 처리하면 어떨까 하고 생각해 본 적이 있다. 또 스마트폰을 켜면 초기 화면에 '당신의 건강을 해치고, 정서를 파괴할 수 있고, 가족 간 불화의 원인이 될 수 있다'는 경고 문구가 자동으로 나타나면 어떨까 생각도 해 보았다. 제조사들의 진지한 고민을 기대해 본다.

하지만 다시 생각해 보면 악마는 늘 모습을 바꾸면서 우리의 곁에 있었다. 예전에는 라디오가 악마였다. 아이들은 공부한다고 하면서 라디오에 빠져 있었다. 이어폰을 끼고 있는 아이에게 '그래서 공부가 되냐?'는 부모님의 훈계가 계속되었다. 한동안은 텔레비전이 악마였고, 컴퓨터와 게임기가 악마이기도 했다. 이런 기기들은 달리 보면 천사였지만 가족 속에서는 악마인 경우가 많았다. 악마를 천사로 만드는 일은 가족 속의 대화에서 시작한다. 어렵겠지만 천사의 측면을 더 사용할 수 있게 서로 이야기하는 수밖에는 없을 듯하다. 이런 측면에서라면 가정과 학교의 고민이 더 깊어져야 할 것이다.

스마트폰을 우리말로 뭐라고 하면 좋을까 고민해 본

적이 있다. 스마트가 똑똑하다는 뜻이니 '똑똑이 전화'라고 하면 어떨까 의견을 내어 본 적도 있다. 그런데 '똑똑이'의 반대말처럼 쓰이는 단어로 헛똑똑이가 있다. 똑똑한 것처럼 보이지만 사실은 어설픈 사람을 일컫는 말이다. 문명의 발달이 가져다 준 똑똑이 전화가 헛똑똑이로 변하게 하지 않으려면 진정 '천사'가 될 수 있도록 모두가 관심을 가져야 할 것이다.

별

신비롭고 재미난 신화

우리는 별을 보아야 할 시간에 무엇을 하고 있나? 농담 같은 이야기이지만 별을 보지 않고 지내는 우리의 삶이야말로 '별 볼 일'이 없는 삶이 아닌가? 치유를 말하지만 우리는 집 밖을 잘 나가지 않고, 밤에는 돌아다니지 않고, 답답한 방안에 머물러 있다. 자연을 만나고 내 밖의 세상과 소통하는 속에서 우리는 더 깊게 치유될 것이다. 방에만 있으면서, 집에만 있으면서 답답하다고 한탄하는 것은 어리석은 일이 아닐 수 없다.

우리말에서 빛에 해당하는 말에 '비읍'으로 시작하는 말이 많은 것은 우연이 아닐 것이다. '별, 빛, 볕, 밝다, 반짝거리다, 번쩍이다, 번개, 반딧불이' 등이 모두 비읍으로 시작하는 어휘들이다. 시골길을 걷다보면 어두컴컴해서 앞이 안 보이면 안 보일수록 별빛이 반갑다. 주변이 어두워야 별빛은 더 빛난다. 별빛은 우리에게 희망이 된다. 별 아래 누워 있으면 어지럽다. 정말 '별이 쏟아지는'으로 시작되는 노랫말이 과장이 아님을 느끼게 된다. 하늘이 온통 별이고 빛이다.

이제는 기억을 총동원해도 아는 별자리 이름도 몇 개 안 되고, 그 나마도 구별할 수도 없다. 우리는 별을 볼 일이 없는 세상에서 살고 있는 것이다. 별 볼 일 없는 세상에는 상상도 이야기도 없다. 별을 봐야 할 시간에 우리는 그저 텔레비전 앞에 앉아 있고, 스마트폰에 빠져 있다. 답답한 일이다. 물론 밖에 나간다고 해서 별을 볼 수 있는 것도 아니다. 밤이 늦었는데도 여기저기 켜 놓은 불빛들은 별빛을 방해한다. 오염된 공기는 별빛과 우리 눈 사이를 가로막고 있다.

과거를 돌아보면 별에 관한 이야기들이 참 많았었다. 왜 별자리에 관한 옛이야기가 많고, 왜 별에 관한 신화들이 만들어졌을까? 옛사람에게 밤하늘은 커다란 극장이었을 것이다. 할아버지, 할머니 무릎을 베고 누우면 밤하늘이 펼쳐진다. 아이들은 자연스럽게 할아버지께 옛날이야기를 조르고, 그러면 구수한 이야기들이 흘러 나왔을 것이다. 아이들에게 별 이야기만큼 신비롭고 재미난 이야기가 있었을까? 이 별에서 저 별로 옮겨가는 이야기는 밤을 거듭해도, 달을 거듭해도, 해를 거듭해도 끊임이 없었을 것이다. 우리말에 시간을 나타내는 말이 모두 하늘에서 왔다는 것도 흥미로운 일이 아닐 수 없다. 달, 해가 그대로 우리의 시간관념인 것이다. '날'도 해라는 뜻이다. '날이 새다'라는 말은 해가 뜬다는 뜻이다.

사실은 할아버지가 해 주신 이야기들도 예전에 들은 이야기이거나 아니면 새로 꾸며낸 이야기였겠지만 아이들에게는 그저 상상의 날개를 달아주는 신비한 하늘의 이야기였을 것이다. 누가 하늘로 올라가 별이 되었다고 하면 마냥 신기해하고, 그 별이 신이라고 하면 경외심이 생겼을 것이다. 은하수를 보면서 하늘에 흐르는 강 이야기를 하고 그곳에 사는 용의 이야기를 하였을 것이다. 1년에 한 번밖에 만나지 못하는 견우와 직녀의 애달픈 사랑 이야기를 들으며 훌쩍이던 어린 소녀도 있었을 것이다.

땅이 어두워지면 세상은 온통 이야깃거리가 된다. 가끔은 텔레비전을 멀리 하고, 책도 덮어놓고 아이들과 옹기종기 앉아서 별 이야기를 나누고 싶다. 고구마, 감자도 구워

먹고 옥수수도 삶아 먹으며 추억을 나누고 싶다. 별이 빛나는 밤에. 내 마음의 답답함을 하늘을 보면서 별빛을 보면서 달래고 싶다. 시인 윤동주가 별을 헤며 별 하나에 추억과 별 하나에 사랑과 아름다운 이름을 기억하듯이 별이 만들어 놓은 신화를 직접 만나고 싶다.

스펙(spec)

미래를 위한 경험

새해의 시작은 늘 결심과 함께한다. 금연, 금주를 비롯하여 다양한 결심이 있다. 아마 직장을 찾는 대학생들은 스펙을 쌓기를 원할 것이다. 어쩌면 대학을 가고자 하는 중, 고생들도 스펙 쌓기에 노력을 기울일 것이다. 아니 어쩌면 초등학생들도 스펙을 위해 몰두하고 있을 수도 있다. 물론 자신의 의지라기보다는 부모의 뜻을 따라서.

스펙이라는 단어는 몇 년 새에 새로 생겨난 말이다. 국어를 전공하는 나에게도 스펙이라는 신어가 낯설어서 국립국어원의 신어 조사를 찾아봐야 했다. 스펙은 2004년 신어자료집에 나오는데 뜻은 '직장을 구하는 사람들 사이에서 학력·학점·토익 점수 따위를 합한 것을 이르는 말'이라고 되어 있다. 영어 'specification'을 줄여서 사용하는 표현으로 어원을 밝히고 있다. 어원상으로 추론을 해본다면 자신에 대한 자세한 '설명서'를 '스펙'이라고 하게 된 것이 아닌가 싶다. 이력서 칸을 채울 자신의 경험을 쌓는 것을 스펙 쌓기라고 부르는 것이다.

현재의 주요 스펙은 위의 정의에서도 볼 수 있듯이 '학점, 외국어 성적' 등 공부와 관련된 것이 많다. 요즘에는 해외 경험 등도 주요 스펙이 되어서, 너나 할 것 없이 대학생활 중 1년은 외국에서 보내는 경우가 많다. 교환학생, 해외인턴, 워킹 홀리데이를 가는 경우들이 많아지고 있다. 다 스펙 쌓기의 일환이다. 스펙이 경제력과 연관된다는 넋두리도 틀린 말은 아닐 것이다. 심지어는 스펙 쌓기를 위해서 해외 봉사 활동을 가는 경우도 있다고 하니 답답함이 더해진다.

나는 스펙이 자신을 보여 주는 설명서라는 점에서는 중요하다고 생각한다. 그런데 이 스펙이 나한테 왜 중요한 것인지에 대해서는 깊은 고민이 있어야 한다고 본다. 스펙을 쌓는 것이 중요한 것이 아니라 스펙이 나한테 어떤 의미가 있는 것인지가 중요한 것이다. 단순히 취직을 위해서나 대학 진학을 위해서 스펙을 쌓는 것이 아니라 자신의 미래를 위해서 경험을 축적해 나가는 것이어야 할 것이다. 그러한 의미에서 본다면 스펙은 경험이다. 자신의 현재를 만들어 놓은. 경험은 참으로 귀하다. 좋은 경험은 물론이요, 나쁜 경험들도 때로는 도움이 된다. 어떤 경우에는 반성거리가 되기도 하고, 어떤 경우는 다른 사람을 이해하는 출발점이 되기도 한다. 경험을 소중히 생각하는 사람은 현재를 소중하게 만들어 가기도 한다. 왜냐하면 현재도 미래에서 보면 경험이 되기 때문이다.

회사나 대학에서 필요한 경험이 스펙이라면 사실 모든 사람이 학점을 잘 받아야 하는 것은 아니다. 모든 사람이 외국어를 잘 할 필요도 없다. 어떤 부서에서는 학점이나 외국어 능력보다 더 필요한 무언가가 있을 수 있다. 예를 들어 친화력이나 창의력이 필요한 부서도 많다. 그럼에도 학점이나 외국어 능력을 평가 기준으로 삼는다면 이유가 있을 것이다. 회사에서 스펙의 기준으로 주로 학점을 보는 이유는 공부를 잘했는가도 있지만 성실했는가에 대한 판단 때문이다. 면접관이 잠깐의 인터뷰로 성실성을 판단하기 힘들기 때문에 성실성 판단의 다른 기준을 찾는 것이다. 학교생활을 성실히 하지 않았는데 성적이 좋기는 어려울 것이다. 그러한 의미에서 외국어 실력도 중요한 기준이 된다. 외국어도 하루아침에 느는 것이 아니다. 꾸준함이 필요하다.

스펙이 자신의 경험을 표현하는 것이라면 다양한 스펙이 있을 수 있다. 단순히 입시나 입사를 위해서가 아니라 자신이 바라는 삶을 살기 위해서 다양한 스펙을 쌓아야 한다. 스펙은 만드는 것이 아니라 쌓는 것이다. 가끔 보면 스펙을 만들려고 노력하는 사람이 있다. 억지로 스펙을 만드는 것은 경험이 되지 않는다. 만든 스펙은 그저 치장에 불과하고, 그러한 치장은 금방 탄로가 나게 마련이다. 그래서 스펙은 오랫동안 준비해야 하는 것이다. 오랫동안 준비한 스펙의 진정성은 금방 알 수 있다. 면접관들도 스펙의 화려함보다는 진정성에 더 눈이 갈 것이다.

요즘 교육에서는 자기 주도 학습이라는 말이 유행처럼 쓰이고 있다. 또한 협동 학습을 강조하기도 한다. 인성 교육 역시 중요한 화두가 되어 있기도 하다. 주입식 교육이 문제라는 것, 개인주의적이고 이기적인 행동이 문제라는 것, 메마른 감정으로 세상을 사는 것이 참으로 덧없다는 것을 우리는 알고 있다. 따라서 이런 문제를 극복하는 스펙은 귀한 것이다. 예를 들어 몇 년 동안 꾸준히 악기를 연습하고, 친구들, 선후배들과 밴드를 만들어 연습하고, 음악을 통해 봉사 활동을 하는 것은 참으로 귀한 스펙이다. 외국어 공부도 단순히 혼자 하는 공부가 아니라 함께 모여서 책을 읽고, 토론을 하고, 언어를 통해 서로의 감정을 나눈다면 점수로 평가받는 스펙이 아니라 진정성으로 평가받는 스펙이 될 것이다. 사회와 대학을 준비하는 모든 이들에게 귀한 스펙이 많아지기를 기원해 본다.

일

즐거워야 잘 할 수 있는 것

'일이라고 생각하지 마라. 일이 즐거울 수가 있나? 그것도 일이다.' 일에 관한 여러 표현들은 일의 고단함을 보여준다. 일은 힘들고, 재미없는 것이라는 이야기를 들려준다. 나는 일이 재미없는 게 우리 인생에서 가장 큰 문제라고 생각한다. 일만 재미있어도 세상은 얼마나 살맛날 것인가? 굳이 휴식하고 싶어 하지 않아도 되고, 이 일을 벗어나려 애쓰지 않아도 될 터이니 말이다.

일은 즐거울 수 없을까? 오늘 내가 쓰는 글은 배부른 소리처럼 들릴 수도 있겠다는 생각이 든다. 혹시 그런 느낌이 드신 분들께는 미리 용서를 구한다. 하지만 내 진심은 알리라 생각한다. 일이 즐거워야 한다는 것. 일이 즐거워야 세상을 더 잘 살 수 있다는 것을 말이다.

    스토니부룩 뉴욕 주립대학으로 연구년을 갔을 때 여러 가지 다양한 경험을 많이 했다. 한국에서라면 절대로 하지 못했을 경험도 있고, 한국에서는 한 번도 해 보지 못한 경험도 했다. 한 번은 갑자기 자동차가 고장이 나서 시동이 안 걸린 적이 있었다. 한국에서라면 간단히 전화를 걸어 처리했겠지만 미국에서는 모든 게 어려웠다. 그 때 마침 집주인과 통화가 되어 집주인이 소개해 준 카센터를 가게 되었다. 집주인이 훌륭한 카센터라고 할 때만 해도 나는 그 의미를 잘 몰랐다.

    그런데 카센터에 가 보니 금방 알 수 있었다. 카센터의 벽에는 마치 박물관처럼 다양한 미니카들이 전시되어 있었다. 차의 종류도 정말 다양하였고, 아름다운 차들도 많았다. 카센터의 주인은 어릴 때부터 차를 아주 좋아해서 차에 대해 공부하고, 차와 관련된 것들을 모았다고 했다. 카센터에는 차와 관련된 잡지도 많았다. 차를 수리하는 모습에서 흥이 느껴졌다. 오늘은 어떤 차를 수리하게 될지, 어떤 부분의 고장을 고치게 될지 궁금해 하는 모습이었다. 그 날 수리는 간단하게 끝이 났지만, 나는 카센터 주인의 자부심과 차에 대한 사랑을 느낄 수 있었다. 물론 그 사람도 일이 힘들 때가 있을 것이다. 빨리 끝내고 싶고, 귀찮을 때도 있을 것이다. 하지만 근본적으로 일에 대한 태도가 다르지 않나 생각되었다. 자신의 일을 사랑하는 것과 그렇지 않은 것에는 많은 차이가 있다.

어떤 사진관에 갔을 때도 비슷한 느낌을 받았다. 그 사진관에도 오래된 사진기들이 유리장 속에 잘 진열되어 있었다. 사진을 너무 좋아해서 모아온 사진기들이었다. 왠지 그 집에서 사진을 찍으면 더 잘 나올 것 같았고, 추억이 될 것 같았다. 사진을 좋아하고 사진을 생각하는 사람이 사진관을 하는 것은 자연스럽기도 하고, 좋은 일이기도 하다. 그 사진사도 일이 즐거웠을 것으로 생각한다.

그 후 나는 카센터를 갈 때나 사진관을 갈 때마다 혹시 차와 사진기와 관련된 소장품들이 있는지 살펴보는 버릇이 생겼다. 하지만 거의 찾을 수가 없었다. 많은 경우에 본인의 일에 자부심이 없고, 일이니까 어쩔 수 없이 하는 것처럼 보였다. 가족을 위해서 본인이 희생하는 것처럼 보이기도 했다. 안타까운 일이다. 어쩔 수 없이 해야 하는 일도 있겠으나 좋아서 하는 일이 많아져야 세상이 즐거워진다. 어린 시절부터 자신이 좋아하는 일을 찾기 위해서 노력해야 하는 것은 그래서 중요하다. 학창시절을 헛되게 보내지 말아야 하는 이유도 거기에 있다. 그리고 본인이 원래 원하지는 않았던 일이라고 하더라도 이왕 하는 일이라면 더 애정을 갖고 하였으면 한다. 그러다 보면 일이 좋아질 것이다.

자신의 일과 관련된 물건이나 책을 소중하게 생각하는 것은 아름다운 일이다. 일이 즐거운 세상이 되기를 소망해 본다.

관광(觀光)

빛과 어둠을 함께 보는 것

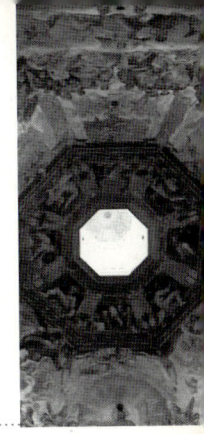

　　　사는 게 여유가 있어지면서 관광을 다녀왔다는 사람이 늘고 있다. 70년대 후반, 80년대 초로 기억하는데 동네 사람들이 관광을 가기 위해서 계를 부었고, 관광철이 되면 관광버스를 타고 관광지에 갔다. 관광이 대유행이었다. 관광이 있는 사람의 전유물이 아니라 평범한 사람들도 다녀올 수 있는 오락처럼 된 것이다. 시간이 좀 더 지난 후에는 해외 관광이 유행이 되었다. 가족이나 친구끼리 떠나는 해외 관광으로 공항은 해마다 신기록을 갈아치웠다. 이제 일 년 내내 지역과 시간을 가리지 않고 관광이 일상화된 듯한 느낌이다.

　　　관광이라는 말은 여행과는 왠지 다른 느낌이 있다.

관광을 다녀온 것과 여행을 다녀온 것은 시작도 과정도 결과도 다른 듯하다. 우선 관광은 왠지 놀러갔다가 온 듯한 느낌이 강하다. 관광 갔다가 왔다는 말에는 사서 고생한 느낌이 있고, 왠지 왁자지껄한 느낌이 있다. 짜여진 일정대로 가이드와 함께 유명한 관광지를 급하게 돌았을 것 같은 느낌도 든다. 어쩌면 관광버스에 몸을 싣고 신나는 일정을 즐겼을지도 모르겠다. 관광에는 차분함은 적다.

관광이라는 말을 살펴보면 약간의 답을 얻을 수도 있다. 관광(觀光)이라는 말은 빛, 즉 밝은 곳을 본다는 의미이다. 어쩌면 우리는 관광을 간다고 하면 화려한 곳을 떠올렸을 수 있다. 그곳이 문화 유적지이건 자연 명승지이건 간에 멋진 곳을 가려는 마음이 있었을 것이다. 그렇기 때문에 관광이라는 단어가 빛을 담고 있어도 특별히 거부감은 없었던 것이다. 하지만 최근에 올레길이니, 힐링 여행이니 하는 말을 떠올려 보면 관광의 개념을 달리 생각해 볼 필요가 있다. 밝은 곳이 아닌 어두운 곳도 찾아다니는 것이다.

이러한 의미에서 본다면 관광의 다른 측면인 '관암(觀暗)'도 의미 있는 여행이 될 것이다. 복잡하고 누구나 다 가는 관광지가 아니라, 다른 사람들이 찾지 않는 숨겨진 여행지를 발견하는 것도 기쁨이 된다. 문화적으로 화려한 곳은 아니나, 그곳 사람들의 소박한 생활을 엿보고 체험할 수 있는 곳도 '관암지'가 될 수 있을 것이다. 여럿이 모여서 가는 흥겨운 여행이 아니라 조용하고 차분하게 스스로를 돌아보고, 가족의 소중함을 알 수 있는 것도 '관암'의 묘미가 될 것이다. 관광버스보다는 일반 시외버스에 몸을 싣고, 완행열차로 사람이 덜 찾는 마을에 내리는 일도 '관암'이 된다. 그 마을 사람들을 위한 식당에 들어가서 주인과 도란도란 이야기를 나누는 일도 기쁨이 될 것이고, 추억이 될 것이다. 최근에 '공정 여행'을 하는 사람이 늘어나는 것도 '관암'의 시작이라는 생각이 든다.

따라서 '관암'은 단순히 보고 즐기는 것이 아니라 깨닫는 여행이 될 수 있다. 말 그대로 세상의 어두운 곳을 찾아가서 마음을 나누고 봉사를 하는 것도 좋은 의미의 여행이 될 것이다. 때로는 그 마을 사람들과 며칠 동안을 지낼 수도 있다. 평생 그곳에 사는 것은 어려울지 모르나 며칠을 지내면서 삶의 의미를 되새기고 그들과의 유대를 갖게 될 수도 있다. 종교적인 장소를 찾아가더라도 단순히 외관에 마음을 빼앗기는 것이 아니라 깊은 사상에 심취하고, 종교인이 살아온 삶에 내 삶을 비추어 볼 수도 있을 것이다. 또 그들처럼 살려고 노력해 볼 수도 있을 것이다. 최근에 템플스테이가 유행하는 것도 이러한 측면이 사람들에게 다가왔기 때문일 것이다.

　　물론 관광도 다녀야 할 것이다. 세상의 밝음이 우리에게 주는 경탄과 깨달음도 있기 때문이다. '관광'이든 '관암'이든 간에 여행은 좋은 것이다. 여행이 수십 권의 독서보다 낫다는 말에 나는 동의한다. 의미 있는 여행이었다면 말이다. 휙휙 지나가는 여행이 아니라 다른 이를 만나서 스스로를 찾게 되는 여행을 떠났으면 한다. 그래서 세상의 밝은 빛뿐만 아니라 어두움까지도 몸소 체험하는 귀중한 여행이 되었으면 한다. '관암'까지 체험하는 관광을.

여행(旅行)

익숙한 것과 헤어지는 순례

　　여행이란 인간에게 주어진 큰 축복이 아닐까 한다. 예전 사람들을 보면 여행은커녕 이웃 마을조차 쉽게 다니지를 못하였다. 특히 여성의 경우에는 떠나 온 친정에도 잘 가지 못하였다고 하니 '여행'이라는 말은 남의 이야기였을 것이다. 조선시대에는 한양에 한 번 가지 못하고, 눈을 감은 사람도 많았다. 한양에 가면 눈 감으면 코 베어 간다는 소문도 흉흉했지만 믿을 수밖에 없었을 것이다.

　　여행을 다니지 않으면 내 생각의 범위도 좁을 수밖에 없다. 지금처럼 사진이나 영상 관련 기술이 발전하지 않았던 시절에는 보지 못한 것은 모든 것이 상상 속에만 자리하였다. '코끼리나 기린, 원숭이, 사자'의 모습을 상상하는 것은 쉬운 일이 아니다. 우리나라 사람들이 옛날에 그린 코끼리의 그림 전시회를 가 본 적이 있다. 거기에 그려진 코끼리는 심하게 말해 코끼리와 닮은 구석이 거의 없었다. 상상도 좋지만 여행을 통해 직접 보는 것의 소중함을 보여 주는 이야기이다.

여행이 어려웠던 시절에도 여행을 다녔던 사람들이 있다. 그런데 그 경우 단순히 여행이라는 단어로 표현하기에는 묵직함이 있다. 예를 들어 왕오천축국전을 쓴 혜초 스님의 여행은 단순한 여행이 아니었을 것이다. 스승을 찾는 긴 여행도 많았다. 이러한 구도의 여행을 우리는 순례라고 부른다. 깨달음을 위해 살고 있는 곳을 박차고 길을 떠나는 것이다. 내가 알고 있는 것이 전부가 아니라는 자각, 내가 보고 있는 것 밖에도 또 다른 세상이 있을 것이라는 호기심이 내가 선 자리를 박차게 만들었을 것이다. 불교에서 참선은 자리에 머물러 침잠하는 것이라면 순례는 익숙한 것으로부터의 떠남이다.

전에 들은 스토니부룩 대학 박성배 선생님의 특강에서 '인생은 순례'라는 말이 가슴에 오래 남아 있다. 우리는 살면서 익숙한 곳을 조금씩 벗어나게 된다. 살던 집을 떠나고, 다니던 학교를 떠나고, 부모님의 곁을 떠난다. 어떨 때는 반대로 익숙한 모습들이 예상치 못하게 나를 떠나기도 한다. 친구들이 그렇고, 선생님이 그렇고, 가족이 그렇다. 슬픔을 한가득 안겨 놓고. 우리네 삶이 순례라는 것을 늘 깨닫는 것은 우리를 깨어 있게 한다. 익숙한 것과 헤어져야 하는 우리네 인생은 순례일 수밖에 없다.

물론 여행은 즐거운 것이다. 새로운 것을 보고, 듣고, 느끼는 즐거움이 있다. 새로운 사람을 만나고, 낯선 풍경 속에 노출되는 설렘이 있다. 다른 나라에 가면 이러한 설렘은 더 커진다. 생긴 것도 다르고, 먹는 것도 다르다. 몸짓도 다르고, 예술이나 종교도 다르다. 문화가 다르다는 것은 지적 호기심을 자극한다. 하지만 나는 여행에 즐거움과 함께 깨달음도 중요하다고 생각한다. 무엇을 보든지, 무엇을 생각하든지, 무엇을 느끼든지 간에 어떻게 살 것인가에 대한 생각도 담아야 할 것이다. 여행을 단순히 보고 마는 차원이 아니라 순례의 차원으로 올려야 한다.

나는 여행을 갈 때마다 순례라는 단어를 가슴에 담고 간다. 나와 다른 모습으로 살고 있는 사람들을 보면서 내 편협함과 교만함을 돌아본다. 도저히 지적인 차원에서 이해할 수 없는 삶과 문화를 보면서 그동안 쉽게 판단하고, 우월함을 느끼던 모습을 반성하게 된다. 어떤 경우에는 다른 문화를 지나치게 높게 우러르던 모습도 반성하게 된다. 어떤 여행지에 가든지 오늘은 무엇을 배울 것인가 하는 기대를 갖는다.

사람들은 여행을 마치고 나면 가족이 더욱 소중해진다는 말을 한다. 여행을 하고 나면 집이 그리워지고, 집이 최고라는 말도 하게 된다. 그렇게 여행을 가고 싶었던 사람도 집 밥을 그리워하게 되고, 누추하지만 내가 늘 두 다리 뻗었던 잠자리를 그리워하게 된다. 하지만 여행에서 만났던 많은 사람 역시 소중하게 생각한다면 더 이상 이 세상의 일이 남의 일이 아니게 될 것이다. 어떤 곳에서 일어나는 사건도 모두 나와 관련이 있는 일이 된다. 그들의 아픔이 가깝게 느껴진다. 모두가 행복하게 되기를 마음 깊이 빌게 된다. 이렇게 세상에 나 아닌 일이 없게 되는 여행이 바로 순례가 아닐까 한다. 여행은 순례다.

군사부일체(君師父一體)

부모가 많은 따뜻한 세상

　　군사부일체라는 말은 누가 좋아하는 말일까? 군사부일체에서 핵심이 되는 사람은 누구일까? 임금님과 선생님과 아버지가 한 몸이라는 의미의 군사부일체는 오랫동안 우리의 입에 오르내리는 표현이다. 아마 대부분의 한국인들이 들어보고 써 본 표현이 아닐까 싶다. 군사부일체라는 말을 들을 때 제일 기분이 좋았던 사람은 누굴까?

　　군사부일체라는 표현에서 핵심이 되는 인물은 선생님이라는 생각이 든다. 실제 사용하는 장면을 봐도 선생님을 부모님처럼 여겨야 한다는 의미로 많이 쓰는 듯하다. 우리에게 아버지만큼 구체적인 인물은 없다. 나를 낳아준 부모님이 내가 구체적으로 그릴 수 있는 존재이기 때문이다.

그래서 군사부일체라는 말은 임금을 선생님처럼 생각하라는 의미나 선생님을 임금님처럼 생각하라는 의미는 아니다. 물론 아버지를 선생님이나 임금님처럼 여기라는 말도 아니다. 애초부터 이 표현은 '아버지'에 방점이 찍혀 있는 표현인 것이다. 임금님이나 선생님을 아버지처럼 생각하고 따르라는 의미인 것이다.

선생님의 입장에서는 자신을 임금님과 같은 반열에 놓고 생각해 주니 고맙고, 아버지처럼 모셔 주니 고마운 것이다. 군사부일체는 아무리 생각해 봐도 선생님을 위한 표현이 아닐 수 없다. 물론 자식을 선생님께 슬쩍 미루어 놓고 싶은 부모님의 마음도 반영되어 있을 것이다. 집에서 자식을 훈육하는 일은 쉬운 일이 아니다. 자식만큼 가르치기 어려운 사람도 없다. 그래서 슬쩍 선생님도 부모라고 하면서 맡기고 싶은 마음도 있었을 것으로 보인다.

그런데 군사부일체라는 말에서 우리가 간과하고 있는 몇 가지 문제가 있다. 선생님이 부모와 같다는 말에는 학생의 의무뿐 아니라 선생님의 책임도 따른다는 것이다. 우리는 학생이 선생님을 부모처럼 대하기를 바라지만 선생님이 부모처럼 되려고 하지는 않는 듯하다. 선생님이 부모처럼 되려면 정말 많은 반성과 노력이 필요하다.

부모님의 입장에서 보면 아무리 말썽을 피우는 자식이라 하더라도 포기할 수는 없다. 끊임없이 비뚤게 나가지 않도록 관심을 갖고 돌봐야 하는 것이다. 미운 자식 떡 하나 더 준다거나 열 손가락 깨물어서 안 아픈 손가락 없다는 말은 다 그래서 나온 것이다. 그런데 선생님이라는 사람이 학생을 쉽게 포기한다. 어쩔 수 없는 학생이라며 제자 취급을 하지 않는 경우도 많다. 미운 학생 떡 하나 더 주는 선생님이 많은가? 정말 학생 하나하나가 다 선생님을 아프게 하는가?

부모님은 그렇게 문제를 일으키던 아이가 잘못을 뉘우치면 금방 용서를 한다. 언젠가는 돌아올 줄 알았다며 안아주고 어깨를 토닥여 준다. 그런데 제자의 경우는 어떤가? 마음이 안 풀리는 것은 물론이고 계속 의심하고 믿지 않는 경우도 많다. 자식과 학생은 분명히 다른 존재로 대하는 것이다. 군사부일체는 완전히 뜬구름 같은 소리가 된다.

학생의 입장에서 보자면 나를 자식처럼 대해 주는 선생님이 있다면 얼마나 좋을까? 부모님처럼 내가 울며 안기고픈 선생님이 있다면 얼마나 행복할까? 우리는 신을 '아버지'라고 부르기도 한다. '믿음'의 여부를 떠나서 신이 내 부모님이라면 얼마나 좋을까? 나를 포기하지 않으시고, 나를 늘 애처롭게 보시고, 나의 미래를 늘 밝게 보시는 부모님 같은 존재가 많다면 얼마나 든든할까? 나는 신도, 임금도, 선생님도 부모님 같다면 좋겠다는 희망이 '군사부일체'라는 표현 속에 담겨 있다는 생각이 든다.

　　선생 일을 하고 있는 나에게 '군사부일체'는 정말 아픈 표현이다. 깊이 반성한다. 선생님이 아름다운 세상이 되기를 기원해 본다. 선생님이 부모님 같은 세상이 좋은 세상이다.

선생과 스승

인생의 마른 뿌리에 물을 주는 사람

선생(先生)이라는 말은 나보다 먼저 태어난 사람이라는 의미를 갖고 있다. 아마도 원래는 그런 뜻이었을 것이다. 일반적으로 선생님이 학생보다 어린 경우는 많지 않았을 테니 말이다. 하지만 요즘 사람들의 말을 들어 보면 가장 일반적인 호칭이 선생인 것 같다. 예전에는 모르는 사람을 부를 때 무조건 사장님이라고 하는 경우가 많았는데, 요즘에는 모르는 사람에 대한 호칭은 선생님이 많다. 경제 성장기에는 사장님이 좋은 호칭이었다면 요즘 세상에는 선생님이 좋은 호칭인 것이다. 어찌 보면 사회가 물질 만능에서는 좀 벗어나고 있는 듯하다.

어릴 때 학교에서 만난 선생님은 여러 모습이 있었

다. 한없이 친절하신 분도 있고, 한없이 엄한 분들도 있었다. 스스로 선생 일을 천직으로 아시는 분도 있었고, 선생 일을 귀찮아하는 분도 있었다. 그래도 우리의 기억 속에 남아 있는 선생님은 친절하게 나를 토닥여 주신 분들이 아닐까 한다. 선생님의 칭찬 한 마디에 유리창도 열심히 닦았고, 집에서는 귀찮았던 심부름도 선생님이 시켜 주시면 신이 나기도 했다. 선생님은 우리의 인생에서 알게 모르게 지대한 영향을 미치고 있다. 내 인생을 바꿔주는 선생님은 늘 내 기억 속에 살아계신다.

세월이 지나가면서, 세상을 살아가면서 늘 두렵고 아쉬운 것은 내 잘못을 꾸짖고, 나를 진심으로 칭찬해 주시는 선생님이 주변에 안 계신다는 것이다. 그리고 내 물음에 길을 보여 주시던 분이 더 이상 안 계신다는 것이다. 삶이 힘이 들 때마다 나도 선생님이 있었으면 좋겠다는 생각을 하게 된다. 내 아픔을 들고 가서 이야기를 나누고 싶다는 생각이 든다. 평생을 살면서 계속 선생님을 만난다는 것은 욕심일지 모르나 그만큼 선생님이 그리운 것이다. 더 이상 선생님을 못 뵙게 되면서, 이럴 때 선생님은 어떻게 하셨을까 하는 물음을 던지게 된다. 그러면 선생님은 내 속에 목소리를 들려주신다. 나도 선생님의 생각을 닮아가고 있는 것이다. 아니 선생님과 늘 대화하면서 옳은 세상을 위해서, 지혜를 생각하면서 살고 있는 것이다.

소크라테스가 죽기 전 제자들과 나눈 대화를 엮은 『파이돈』이라는 책을 보면서, 나는 내용에도 감탄했지만 그 열정에 더 감동하였다. 죽음을 앞에 둔 노스승은 끊임없이 제자들의 질문에 답을 한다. 제자들도 노스승의 죽음이 슬프기는 하지만 돌아가시기 전에 듣고 싶은 이야기를 열심히 묻는다. 어쩌면 소크라테스의 죽음이 값진 것은 그러한 제자와의 대화가 있었기 때문이라는 생각이 든다. 올바르게 살기 위해 스승과 나누는 대화만큼 값진 것이 있을까?

5월 15일은 스승의 날이다. 스승의 날이 있는 나라가 별로 없다는 점에서 우리나라의 스승에 대한 존경은 깊게 새길 만하다. 스승이 존경받는 나라가 되어야 한다. 단순히 지식을 전달해 주는 선생이 아니라, 지혜를 일깨워 주는 스승이 많아져야 한다. 그런 나라가 아름다운 나라고 존경받을 만한 나라다. 단순히 경제력으로 나라를 평가한다면 부끄러운 일이다.

좋은 스승이 있어도 찾으려 하지 않는다면 그 인생

도 불쌍한 인생이 된다. 어떤 스승을 만나기 위해 불원천리(不遠千里) 달려오는 정성이 부러워야 한다. 그리고 스승을 찾으려 노력해야 한다. 스승은 참으로 귀하다. 왜 스승을 만나면 기쁠까? 내 인생의 마른 뿌리에 물을 주는 스승의 말씀은 늘 나를 다시 태어나게 한다. 그러니 기쁘지 않을 수가 없다.

나도 선생 일을 하고 있지만 스승이 되지 못함에 늘 부끄러움이 크다. 스승의 날이 오면 더 그러하다. 그래서일까? 선생 일을 하고 있는 나도 오늘은 더욱 스승이 그립다.

저녁놀

시간을 담은 따뜻한 빛

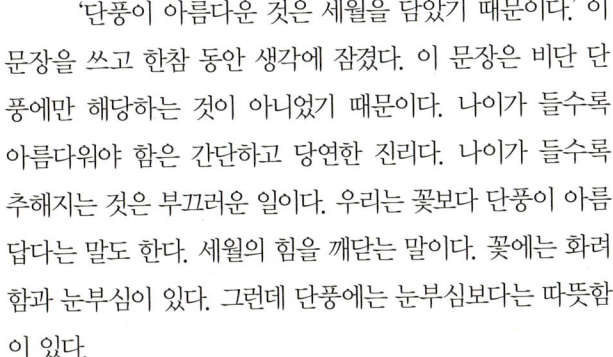

'단풍이 아름다운 것은 세월을 담았기 때문이다.' 이 문장을 쓰고 한참 동안 생각에 잠겼다. 이 문장은 비단 단풍에만 해당하는 것이 아니었기 때문이다. 나이가 들수록 아름다워야 함은 간단하고 당연한 진리다. 나이가 들수록 추해지는 것은 부끄러운 일이다. 우리는 꽃보다 단풍이 아름답다는 말도 한다. 세월의 힘을 깨닫는 말이다. 꽃에는 화려함과 눈부심이 있다. 그런데 단풍에는 눈부심보다는 따뜻함이 있다.

사진을 찍는 분이 촬영기술에 관한 말씀을 들려 주셨다. 인물사진의 경우 아침보다 저녁에 찍는 것이 좋다고 하였다. 이유인즉슨 아침빛은 밝지만 차가운 느낌이 있어서 사람의 인상도 차갑게 보인다는 것이다. 반면 저녁 빛은 따뜻한 느낌이 있어서 사람을 부드러운 인상으로 만들어준다는 것이다. 그러고 보니 오후 늦게 찍은 사진이 왠지 몰랐지만 늘 마음에 들었던 기억이 있다. 언제 사진을 찍느냐에 따라서 사람의 느낌이 달라진다는 것은 흥미로운 일이다. 또한 어떤 방향에서 사진을 찍는가에 따라서 인물의 느낌이 전혀 달라진다고 하니 내 모습이 보이는 방향에 대해서도 고민해 봐야 할 것 같다.

우리는 밝은 것을 좋아한다. 화려한 것에 마음이 끌린다. 하지만 실제로 우리의 마음속에 남아있는 것은 따뜻한 기억이다. 꽃도, 빛도 우리에게 자연의 이치를 들려준다. 저녁놀은 시간의 흐름이다. 새벽에 어둠을 뚫고 세상을 밝혔던 빛이 한창 이글거리고는 다시 어둠 속으로 몸을 감추는 시간이다. 세상과 시간을 담았던 빛의 모습인 것이다. 낮의 시간을 지나고 저녁의 시간으로 가는 빛은 이미 세상의 흔적을 담고 있다. 눈부신 화려함도 경험해 보았고, 타오르는 뜨거움도 느껴 보았다. 그래서 저녁놀은 널리 퍼지면서도 따뜻한 모습으로 우리를 설레게 하는 것이다.

우리나라 사람들은 나이를 먹고, 철이 드는 것을 중

요하게 생각했다. 나잇값을 해야 하고, 철이 들어 망령되이 살지 말아야 한다. 우리는 곱게 늙어가는 것을 아름답게 여겼다. 나이 든 이에게 '고우시다'라는 말은 큰 칭송이다. 늙어도 추하지 않고, 세월을 담은 자태를 갖는 것은 아름다움과는 다른 '고움'이다. 생각해 보면 나이를 먹으면서 주변에 사람이 적어지는 것은 슬픈 일이다. 나를 불편해 하는 사람이 많다는 것은 여전히 나에게 따뜻함이 없기 때문일 것이다. 나이를 먹었는데도 여전히 다른 이에게 상처를 준다면 스스로를 돌아봐야 한다. 내 고집스러움이 사람을 떠나게 하였다면 얼마나 답답한 일인가? 나이가 들어서도 여전히 매몰차게 사람을 대하고 있다면 나이를 헛먹은 것이다. 입에 독설을 달고 있다면 나이를 제대로 먹은 것이 아니다. 나이가 들면서 내 스스로에게 들려주는 반성의 이야기이다.

나이를 먹는다는 것은 단풍처럼 세월을 겪으며 내 속에 있는 빛을 찾는 일이다. 우리에게는 저마다 빛이 있다. 스스로도 잘 모르는 따뜻한 빛이 있다. 세월을 잘 살아낸 사람들에게 그 빛은 자신의 모습이 되어 나타난다. 스스로뿐 아니라 다른 이들도 따뜻하게 하는 빛을 보이게 되는 것이다. 단풍이 우리에게 그 진리를 보여 주고 있다. 나이를 먹는다는 것은 저녁놀처럼 시간의 흐름 속에서 세상을 비추는 것이다. 단순히 홀로 빛나는 것이 아니고, 단지 겉모습의 화려함이 있는 것이 아니라 따뜻함이 있어야 하는 것이다.

나이가 들수록 지친 마음을 토닥여 주고, 아픈 이를 지긋한 눈빛으로 바라봐 주어야 한다. 저녁놀이 삶의 따뜻함에 대한 이야기를 들려주고 있다. 우리는 하루하루 세월을 지나고 있다. 저녁놀을 바라볼 때마다 우리 모두 오늘의 이야기를 기억하였으면 한다. 저녁놀이 따뜻한 이유를.

지옥(地獄)

싫은 것이 많은 곳

사람들의 이야기를 가만히 들어보면 천국에 관한 희망이나 말은 많은데, 지옥에 대한 말은 적은 듯하다. 사람들이 천국과 지옥에 대해서 여러 이야기를 하지만 나는 천국과 지옥의 정의는 모두 현재의 삶에서 비롯된다고 생각한다. 그래서 우리는 지금의 삶을 보면서 '천국이 따로 없다'는 말을 하고, '지옥 같은 삶'이라는 말을 자주 한다. 현재 자신의 처지를 말하는 것이지만 모두 천국이나 지옥을 비유하고 있는 것이다.

지금 생각하기에 좋으면 천국이고, 지금 보기에 견디기 힘들면 지옥이다. 나의 입장에서 보자면 가족이 건강하고, 학생들이 나를 좋아하고, 참된 벗들이 많으면 천국이다.

반대로 가족이 아프고, 가르치는 일이 힘들고, 벗과의 관계가 고통스럽다면 지옥이 아닐 수 없다. 이는 죽어서도 그다지 달라지지 않을 듯하다. 나와 관계 맺는 사람들이 행복하다면 나도 더 행복해질 것이고, 나와 관계 맺는 이들이 아파한다면 나 역시 기쁜 생활을 할 수는 없을 것이다.

지옥을 묘사해 놓은 것들을 보면 인간이 상상하기에 가장 고통스러운 장면들이 가득하다. 잔인하게, 더 잔인하게 묘사해야 하는 것이다. 사지가 잘리고, 불구덩이에 처박히는 모습, 뱀이 나를 둘러싸고 있거나 맹수에 쫓기는 모습이 그려진다. 어떻게 해서라도 지옥에 가고 싶지 않은 마음이 들게 그려야 하는 것이다. 그런 곳이 지옥이라고 해야 사람들이 지옥을 두려워하고 가지 않으려 할 것이기 때문이다. 하지만 생각해 보면 지옥은 사람마다 조건이 다 다를 것이다. 자신이 생각할 때 이것만은 피했으면 하는 일들이 있기 때문이다. 어쩌면 최고의 지옥은 한시라도 같이 있기 싫은 사람과 있는 것이고, 천국은 함께하고 싶은 사람과 있는 것이다.

우리는 살면서 천국도 느끼고 지옥도 경험한다. 우리는 심지어 지금 죽어도 좋겠다고 천국을 말한다. 반대로 당장이라도 죽어버리고 싶다며 지옥을 말한다. 이렇게 보면 죽는 것은 천국이나 지옥하고는 관계가 없다. 어떻게 사느냐에 따라 천국과 지옥이 나뉘는 것이다. 하루를 살아도 지옥 같다고 이야기하는 이에게 이 세상은 얼마나 고통이 될까? 죽어서 천국을 바라기보다는 지옥 같은 지금의 삶을 하나씩 변화시키기 위해 노력해야 할 것이다.

즉, 천국에 가는 것이 중요한 것이 아니라 우리가 살고 있는 세상을 천국으로 만드는 것이 중요하다. 그 사람과 함께 있으면 더 없이 행복하다고 말하는 경우가 있다. 이 때 우리는 천국을 경험한다. 주변 사람들이 나로 인해 천국을 경험하기 바란다. 나 또한 나에게 천국을 안겨 주는 사람들을 더 만나고 싶다. 그리고 나를 만나는 것이 지옥이 아니길 바란다. 어쩌면 천국이나 지옥은 나로부터 시작되는 것일 수도 있다.

살아도 지옥인 삶은 불행하고, 불쌍하다. 만나기 싫은 사람을 만나고, 하기 싫은 일을 하고, 먹기 싫은 음식을 먹고, 가기 싫은 곳을 가야 한다면 얼마나 답답할까? 자면서는 가위에 눌리고, 깨어서는 답답함에 가슴을 쳐야 하는 삶은 그야말로 살아도 지옥이고, 살면 살수록 지옥이다. 어차피 내게 주어진 삶은 묵묵히 살아가야 하는 것이 인간이라면, 고통스러운 삶도 행복하게 바꿀 수 있도록 작은 것부터 노력을 해야 할 것이다.

스스로 만나고 싶은 사람이 되도록 노력하고, 하고 싶은 일을 열심히 찾아보고, 나보다 어려운 사람을 도우려 애쓰고, 가고 싶은 곳을 미루지 않고 가려 한다면 조금씩 세상이 달리 보일 것이다. 지금이 너무 힘든 사람들에게도 기쁜 하루가 주어지기를, 아니 행복한 하루를 만들어 내기를 기원해 본다.

빌다

주변을 감싸는 간절함

'빌다'는 부탁한다는 뜻이다. 잘못을 빈다고 하면 용서해 달라고 비는 것이다. 즉 용서를 부탁하는 것이다. 빌어먹는다는 말의 의미도 사람들에게 부탁해서, 구걸해서 먹는다는 의미가 된다. 그래서 '빌어먹을 놈'은 욕이 된다. 자신이 노력하지 않고 부탁으로 먹고 사는 것이니 거지 짓일 수밖에 없다. 일반적으로 비는 것은 부정적인 느낌이 있다. 잘못이 있어야 비는 것처럼 생각이 되기 때문이다.

비는 것은 행위와도 관련이 된다. 빈다고 할 때는 주로 두 손을 비비게 된다. 신에게 빌고 있다는 말도 기원의 의미이므로 비는 것은 부탁하는 것의 의미가 강하다. 손으로 빌면서 하는 부탁은 더 적극적인 행위로 보인다. 종교에서 두 손을 모으는 것이나 모은 손을 비비는 것은 간절한 바람, 부탁의 의미이다. 아이들은 잘못을 용서해 달라고 빈다. 위험한 상황에서는 제발 살려 달라고 빈다. 신이나 조상님께는 굽어 살펴 달라고 빈다. 우리는 부모님을 위해서, 자식을 위해서, 선생님을 위해서, 학생을 위해서 빈다. 간절하게 빌고 또 빈다. 가족 중에 누가 아프다면 간절함은 깊어진다. 차라리 내가 아팠으면 하는 마음으로 눈물을 떨구어가며 빌게 된다.

빌 때는 두 손을 모아 빌기도 하고, 두 손을 비비면서 빌기도 한다. 아이들이 급하게 빌 때 손을 모으기보다는 손을 비비는 것으로 봐서는 비비는 것이 더 강렬한 행위로 보인다. 종교적 행위에서는 손을 천천히 비비는 경우가 많은데, 아이들이 잘못을 빌 때는 두 손을 마주하고 위아래로 빠르게 움직인다. 본능적으로 보면 비비는 것의 센 정도에 따라 갈구의 크기도 커지는 듯하다. 내 잘못을 빈다면, 그리고 가족과 벗들의 건강을 빈다면 더 빨리 손바닥을 비벼야 하겠다는 생각이 문득 든다. 지문과 손금이 다 닳을 정도로.

하지만 정화수를 떠놓고 빌 때는 두 손바닥을 마주 대고 원을 그리며 천천히 비빈다. 정화수를 떠 놓고 비는 어머니의 모습은 그 어떤 종교보다 경건하다. 사치스러움도, 누구에게 보이고자 함도 없다. 간절함만이 기원 속에는 있다. 멀리 길 떠난 남편의 무사귀환을 비는 아내의 모습이나 자식의 건강을 기원하는 어머니의 간절함이 천천히 손을 비비는 행위 속에 담겨 있다. 연신 고개를 숙이면서 칠성님을 부르는 모습은 참으로 성스럽다. 달님도, 해님도 아닌 칠성님께 비는 것은 칠성이 우리 조상이 살던 곳을 상징하고 있기 때문이다. 우리 문화에서 북두칠성은 고향과 조상을 의미하는 경우가 많다. 우리 민족의 시원이 있었던 곳이라 이야기하는 바이칼 호수에 가면 바로 머리 위에 북두칠성이 가깝게 자리하고 있다.

우리가 그간 별 탈 없이 세상을 살았다면 그것은 모두 나의 무사함을 간절히 빌어 주신 부모님의 덕이다. 아니 그 기도 덕분에 이만큼이라도 살고 있는 것이다. 우리도 모르는 사이에 나를 위한 기도가 내 주변을 감싸고 있다. 수많은 고통의 화살이 날아오다가 나를 위한 기도에 막혀 다가오지 못하고 있을지도 모른다. 가끔 후배나 친지 등을 만나면 나를 위해 기도한다는 말을 듣곤 한다. 참 고마운 일이다. 간단한 이메일이나 문자 속의 기원도 그런 의미에서 더욱 고맙다.

나이를 먹어가면서 빌 일이 많아진다. 사람에게 빌 일은 적어지고 아무래도 절대자에게 빌 일이 많아진다. 내 뜻대로 되지 않는 일이 많기 때문이다. 내 몸도 여기저기 말을 안 듣는다. 가족에게도 예기치 않았던 문제가 생겨난다. 친구들의 슬픈 소식도 마음을 아프게 한다. 서로를 위한 기도는 서로를 아끼고 보호하게 한다. 그래서 서로 감사하는 마음을 갖게 한다. 나는 아침마다 눈을 뜨면 떠오르는 이들의 행복을 빈다. 오늘 내 기원 속에서 만난 분들은 내 기원이 들렸을지 궁금하다.

감정이입(感情移入)

아픔과 기쁨을 함께 느끼는 본성

생각이라는 것은 참 무섭다. 생각만으로도 우리는 충분히 고통스럽다. 깎아지른 듯한 절벽 위를 기어오르는 사람을 보면 나도 아찔하고 머리끝이 쭈뼛거린다. 날카로운 물건을 보면 눈이 절로 찌푸려진다. 저것에 찔리면 어떨까 하는 생각이 들면서 고통이 느껴지는 것이다. 찔릴 리가 없다고 스스로를 달래 봐도 소용이 없다. 이미 내 생각은 내가 붙잡을 수 없는 곳으로 달려가고 있는 것이다. 우리는 일어나지도 않은 일을 상상하면서 고통스러워하는 것이다.

다른 사물이나 상황에 자신의 생각이나 감정이 담기게 되는 것을 우리는 감정이입(感情移入)이라고 한다. 아마도 감정이입이 금방 되는 경우는 영화를 볼 때일 것이다. 이럴 때 우리는 빠져든다는 표현을 쓴다. 마치 자신이 영화의 주인공이 된 것처럼 울었다가 웃었다가 하는 것이다. 좋은 영화나 드라마일수록 감정이입이 쉽다. 스토리가 어설픈 영화는 감정이입이 잘 안 된다. '에이 설마 그럴 리가?' 하는 생각이 감정이입을 가로막게 된다. 현실성이 있어야 한다는 말은 그래서 나온 말이다.

배우들의 경우를 보면 대본을 보면서 감정이입을 하려고 노력을 한다. 그 상황 속에 자신을 대치시키려 노력하는 것이다. 그러면서 감정이입을 하는 것이 무척 어렵다고 이야기를 한다. 우리는 이런 예들을 하도 많이 들어서 그런지 감정이입은 무척이나 노력을 해야 하는 것으로 생각한다. 하지만 사실 감정이입은 자연스러운 행위이다. 나는 감정이입이야말로 인간의 가장 아름다운 특징이 아닌가 생각한다.

아픈 사람을 보면 그대로 내게도 아픔이 전해진다. 부모를 잃은 아이들을 보면 안타깝고, 아이가 아픈 부모를 보면 가슴이 아린다. 전쟁으로 비참해진 도시를 보면 슬프고 답답한 마음을 가진다. 감정을 이입하려고 노력할 필요도 없는 것이다. 다른 사람의 아픔을 내 아픔으로 느끼는 것은 인간의 자연스러운 감정인 것이다. 날카로운 것을 보면 눈이 찌푸려지는 것처럼 말이다.

그러한 의미에서 본다면 역으로 생각을 다스리는 것도 매우 중요하다는 생각이 든다. 쉽게 우리의 감정이 상황 속에 이입된다는 것은 생각만으로도 얼마든지 행복해질 수 있다는 의미도 된다. 기쁘고 아름다운 상상을 하는 것만으로도 우리는 충분히 행복해질 수 있다. 우리를 행복하게 하는 상상에는 어떤 것이 있을까? 사람들의 칭찬을 받을 때, 사랑하는 사람들과 여행을 떠날 때, 맛있는 음식을 좋아하는 사람들과 먹을 때, 힘든 일을 끝냈을 때, 오랫동안 꿈꿔오던 일을 하게 되었을 때 우리는 행복하다. 행복한 상상은 사람들마다 주어진 처지에 따라 그야말로 날개를 펼치며 피어날 것이다.

사람들은 늘 행복했던 시간보다 불행했던 시간이 더 많았던 것처럼 이야기하는 경향이 있다. 인생을 돌아보면 고통이 더 많았다는 것이다. 우리의 삶을 고통의 바다라고 표현하는 것도 인생을 불행하게 바라보기 때문일 것이다. 하지만 조금만 생각을 달리해 보면 세상은 달리 보일 수 있다. 나는 인생에서 절대로 행복의 총량이 불행의 총량보다 적다고 생각하지 않는다. 아니 비교할 수 없을 만큼 행복의 총량이 크리라고 생각한다. 단지 우리가 불행의 기억을 곱씹으며 되새기기 때문에 불행의 시간이 많은 것처럼 생각하게 되는 것이다.

인간은 감정이입을 한다는 점에서, 지금 일어나지 않는 일을 상상한다는 점에서 동물과 구별되는 특징을 가지고 있다. 우리는 다른 사람들의 아픔과 고통을 함께 느낄 수 있는 아름다운 본성을 가지고 있다. 또한 우리는 생각만으로도 얼마든지 행복해질 수 있다. 심지어 엄청나게 고통스러운 순간에도 행복한 상상을 하기도 한다. 이 고통이 언젠가는 끝이 날 것이며 행복이 찾아올 것이라는 생각을 한다. 여러분에게 생각만 해도 기분 좋은 일은 무엇이 있는가? 행복한 상상으로 입가에 미소를 한가득 담아보자.

하얀 찔레꽃

맑은 그리움으로 남은 향기

아침 산책길에 하얀 찔레꽃을 만났다. 한참 전부터 꽃 이름 팻말만 눈에 띄어서 찔레의 모습과 향기를 기다려 왔었다. 해마다 만나는 꽃이지만 첫 만남은 늘 반갑다. 참 맑고 밝은 모습이었다. 얼른 사진으로 몇 장 모습을 담았다. 문득 그 순간 예전에 아이들이 찔레꽃을 먹었다는 이야기가 생각났다. 요즘 아이들은 찔레가 무엇인지도 모르겠지만, 예전의 아이들에게 찔레꽃은 주린 배를 달래주는 귀한 꽃이었다. 저리 어여쁜 꽃을 따서 먹는 모습이 잘 상상이 되지 않았지만, 찔레는 그렇게 아이들과 함께 있었다.

그래서인지 찔레꽃과 관련된 노래는 서글픔과 그리움이 가득하다. 배고픔에 찔레를 따 먹는 아이를 바라보는 부모의 심정은 어떠할까? 찔레를 따 먹던 추억을 생각하며 부모를 그리워하는 자식의 마음은 얼마나 애틋할까? 나는 찔레를 먹어본 적은 없지만 그 '아림'이 느껴졌다. 가사가 보고 싶었다. 이연실 씨의 '찔레꽃'이라는 노래를 찾아보았다. 하지만 가사를 찾아보고는 금방 덮어 버렸다. 읽을 수가 없었다. 눈물이 콱 가슴 저만치부터 밀려왔다. 첫줄부터 마음이 아팠다. '엄마 일 가는 길에 하얀 찔레꽃 / 찔레꽃 하얀 잎은 맛도 좋지. / 배고픈 날 가만히 따 먹었다오. / 엄마 엄마 부르며 따 먹었다오.'

그 다음은 ……. 차마 옮기지 못하겠다.

사실 이 노래는 오래 전부터 들어 온 노래였는데, 그런 가사인 줄은 몰랐다. 아니 알고 있었지만 의식을 하지 않고 들었다는 것이 정확할 것이다. 사람은 자신의 감정과 맞닿은 이야기에 더 큰 슬픔을 느낀다. 내가 그 가사를 끝까지 못 읽은 것은 내 감정만을 울려서가 아니다. 그 가사를 듣고, 울음을 터뜨릴 많은 사람들이 생각났기 때문이다. '엄마, 아이'는 쉬운 단어가 아니다. 우리의 감정이 고스란히 담겨 있다. 부모는 늘 자식이 어여쁘고 가엾다. 자식은 늘 부모님께 고맙고 죄송하다.

또 다른 '찔레꽃'에 대한 노래는 장사익 선생이 불렀다. '하얀 꽃 찔레꽃 / 순박한 꽃 찔레꽃 / 별처럼 슬픈 찔레꽃 / 달처럼 서러운 찔레꽃 / 찔레꽃 향기는 너무 슬퍼요.'라는 가사가 애절하게 울리는 노래다. 장사익 선생의 노래는 우리의 정서와 참 많이 닮았다. '한'이 한민족 고유의 정서라는 점에 동의하지는 않지만, 장사익 선생의 노래를 들으면 '한'이 느껴진다.

우리 정서 속에 '한'만이 있는 것이 아니고, '신'도 '흥'도 있다. 우리민족은 '감정'을 소중히 생각하는 민족이라는 말이 더 옳을 듯하다. 물론 '한'도 포함해서. 노래라는 것이 무릇 사람의 감정을 이어주는 것이라면, 장사익 선생은 노래를 하고 있는 것이다. '슬픈 찔레꽃 향기'가 노래가 되어 고달프고, 애달픈 우리네 삶으로 서럽게 다가온다.

하얀 찔레꽃은 순박하지만 힘이 없는 아이들을 닮았고, 여인을 닮았고, 서글픈 민초(民草)들을 닮았다. 찔레꽃은 장미과의 식물이다. 하지만 장미와는 많은 점에서 다른 느낌이다. 소박하면서 맑은 아름다움이 느껴진다. 2014년 4월은 진정 잔인한 달이었다. 괴로움의 달이었다. 그리고 앞으로는 그리움의 달이 될 것이다. 해마다 4월이 되면 하얀 찔레꽃이 생각날 것이다. 사람들에게 하얀 찔레꽃이 단순한 슬픔이 아니라 맑은 그리움이 되기를 기원해 본다.

|제3부|

그리고, 토닥이다

고맙다 | 내면에 말 걸기 | 의사소통(意思疏通) | 화법(話法) | 토론(討論) | 말 같은 소리 | 문맹(文盲) |
감동 주기 | 대화(對話) | 짜증내는 말하기 | 말을 듣다 | 싫은 소리하기 | 칭찬하기 |
편찮다 | 덕담(德談) | 존경(尊敬) | 넋 건짐 굿 | 고해(苦海)

고맙다

미안한 마음이 많아서 아픈 말

한국 사람들은 고맙다는 말에 인색하다고 한다. 정확하게 말하자면 마음은 있지만 표현에 인색한 것이다. 물론 달리 말하면 말로 표현하는 것보다는 마음을 나누는 것을 더 소중히 생각하는 것이기도 하다. 우리는 말로 하면 뜻이 온전히 전달되지 않는다고 생각한다. 그런 의미에서 미안하다는 말이나 사랑한다는 말도 잘 하지 않는 경향이 있는 것이다.

'고맙다'라는 말은 중세 국어 '고마[恭敬]'와 관련이 있다는 의견이 있다. 또한 '존귀하다'라는 의미도 있었다. 감사하다는 의미와 다의관계였는지는 정확하지 않으나 의미로 봐서는 관계가 있을 것으로 보인다. 고마운 것은 상대에게

공손하게 되는 것이고 상대방을 귀하게 생각하는 것이기 때문이다.

고맙다는 말이 정말 가슴 저리게 다가올 때는 언제인가? 고맙다는 말이 절절하게 다가오는 순간은 아마도 고맙다는 말을 잘 하지 않던 사람이 그 말을 할 때라는 생각이 든다. 또 관계상으로 보면 별로 고맙다는 말을 하지 않을 것 같은 사람이 고맙다는 말을 하는 순간에 가슴이 먹먹해진다. 부모가 자식에게, 남편이 아내에게, 선생님이 학생에게 하는 '고맙다'라는 말이 이런 경우에 해당한다. 형식적인 인사치레를 제외하고는 자주 하는 표현이 아니다. 남편은 아내에게 자주 할 수 있는 표현이 아니냐고 말할지 모르나 개인적인 경험(?)에 비추어 보면 대부분 형식적인 인사말인 경우가 많다.

며칠 전 TV를 보는데 부모가 자식에게 고맙다는 말을 하는 장면이 나왔다. 장애를 갖고 있는 아들에게 그저 내 아들로 태어나 주어 고맙다고 어머니가 말을 하는 장면이었다. 자식은 부모에게 해줄 수 있는 게 아무 것도 없는 것처럼 보였다. 그럼에도 어머니는 자식이 고마웠다. 부모의 마음은 원래 그런 것이고, 그래야 하는 것이다. 그런데 자주 그 마음을 잊는다. 우리는 자식에게 너무 많은 것을 바란다. 그 장면에서 어머니는 하염없이 눈물을 흘리고 있었다. 나도 덩달아 아팠다.

전에 본 프로그램에서 오랫동안 부부로 살다가 먼저 세상을 떠나는 남편의 마지막 인사말도 "그동안 고마웠다."였다. 숨도 겨우 쉬는 남편이 그렇게도 하고 싶었던 말이 '고맙다'라는 말이었다니 가슴이 메어온다. 고맙다는 말은 주로 미안하다는 말과 통한다. 생각해 보면 고마운 상황은 대부분 미안한 상황인 경우가 많다. 그런 의미에서 아내에게 참으로 고맙다. 부부는 소중한 것이다. 서로 손 잡고 평생을 살 수 있었다는 것은 고마운 일이 아닐 수 없다. 그 장면에서도 남편의 뺨에는 굵은 눈물이 소리 없이 흐르고 있었다.

전에 선생님이 학생에게 고맙다고 하던 장면도 오랫동안 기억에 남아 있다. 가난했던 제자를 아끼고 사랑하고 도와주던 선생님이 오랜 시간이 지나 다시 만나게 된 장면이었다. 제자는 선생님을 고마워하며 눈물을 흘렸지만 선생님은 학비를 대주지 못했던 기억에 눈물을 왈칵 쏟으셨다. 그러고는 고맙다는 말을 했다. 내가 도와주지 못해 미안한 마음이 컸는데 이렇게 잘 자라줘서 고맙다는 말을 덧붙였다. 선생에게 학생은 늘 고마운 존재다. 그런데 우리는 그걸 모른다.

고마움은 그런 것이다. 내 자식이어서, 우리 부모님이셔서, 아내로 옆에 있어줘서, 잘 자라줘서 고마운 것이다. 다른 거창한 이유가 필요하지 않다. 오히려 미안한 마음이 가득해서 더 고마운 것이다. 오늘 아침, 고맙다는 말이 참 아프게 다가온다.

내면에 말 걸기

내게 새로운 울림을 주는 시간

우리는 종종 '나는 도대체 무슨 생각으로 사나?' 하는 말을 한다. 보통은 자신의 행동이 이해가 안 되는 경우에 하는 말이다. 그런데 곰곰이 생각해 보면 정말 내 생각을 내가 모르고 있구나 하는 반성을 하게 된다. 우리는 다른 사람과 소통이 안 된다고 이야기하지만 실제로는 나 자신과도 소통이 이루어지고 있지 않다. 내 생각을 나 자신도 모르는 것이다. 오늘 이야기하려고 하는 '나에게 말 걸기'는 나와 소통하는 말하기이다. 즉, 내 생각을 알아가는 시간이기도 하다.

나에게 말 걸기는 '혼잣말하기'나 '독백'과 비슷한 의미의 표현이다. 하지만 혼잣말하기는 왠지 중얼거리는 느낌이 있고, 독백은 왠지 연극 무대에서 관객을 향해 이야기하는 것 같은 느낌이 든다. 성찰의 느낌이 들지 않는 것이다. 나에게 말 걸기를 혼잣말이나 독백과 굳이 구별을 하자면 '나 스스로와 대화하기'라고 할 수 있다. 나에게 묻고 그 물음에 대답하는 방식으로 나에게 말을 거는 것이다.

    주변 사람들의 이야기를 들어보면 하루에 한 번씩은 자신을 칭찬하려 한다는 말을 하곤 한다. 자신이 한 작은 일이라도 칭찬함으로써 더 용기를 내어 살아가자는 생각인 것이다. 긍정적인 생각과 적극적인 생각이 들어있는 행위라 볼 수 있다. 나도 '스스로 칭찬하기'는 매우 좋은 일이라고 생각한다. 자신의 장점이 무엇일까 고민하는 것은 자신의 장점을 만들어 가려는 노력과 일치할 수 있기 때문이다. 물론 칭찬뿐 아니라 스스로를 꾸짖는 시간들도 있어야 할 것이다. 잘하는 일을 늘리고 잘못하는 일을 줄이는 것이 인간 삶의 목적이 아닐까?

    나에게 말 걸기를 할 때 유의할 사항이 있다. 그중에서 제일 중요한 것은 '소리 내어' 말을 해야 한다는 것이다. 우리는 머릿속으로는 스스로와 수많은 대화를 나눈다. 하지만 조금 있다가 생각해 보면 이미 기억 속에서 사라진 지 오래다. 또한 입 밖으로 나오지 않은 말들은 논리적인 측면에서도 문제가 있는 경우가 많다. 머릿속의 생각을 소리 내어 이야기해 보면 금방 자신의 오류를 발견할 수도 있다. 논리적인 오류 외에도 발음상의 오류도 덤으로 알게 된다.

나는 고등학교 시절에 학교까지 30분 정도를 걸어 다녔다. 버스를 탄 적도 있었으나 버스 편이 너무 불편해서 그냥 걸어 다닌 적이 많았다. 지금 돌이켜 생각해 보면 그때 걸어 다니면서 스스로와 나누었던 대화는 후에 큰 힘이 되었다. 때로는 나를 칭찬하기도 하고, 때로는 준엄히 스스로를 꾸짖기도 하였다. 때로는 한없이 가엾은 나를 스스로 위로하기도 하였다. 지금 내가 글을 쓸 수 있는 바탕은 그때 나에게 말을 걸었던 순간의 덕이 크다.

종종은 어려운 주제들도 말 걸기에 등장하였다. 신의 문제, 죽음의 문제, 행복의 문제도 이야깃거리가 되어 주었다. 등굣길에 나와 이야기하기는 내 생각을 정리하는 시간이 되어 준 것이다. 그 이후 나는 다른 자리에서 내가 스스로 나누었던 이야기의 주제를 만나게 되었다. 나는 비교적 뚜렷이 주장을 펼칠 수 있었다. 왜냐하면 이미 내가 다루었던 주제였고, 입 밖으로 소리 내어 이야기해 보았던 내용이어서 어느 정도는 정리가 되어 있었기 때문이었다.

나는 다른 사람들에게도 '스스로에게 말 걸기'를 권하고 싶다. 특히 젊은 학생들에게 꼭 해보라고 말하고 싶다. 앞에서 이야기한 것처럼 속으로만 생각하지 말고 정말로 대화하듯이 입 밖으로 소리 내어 이야기해 보기를 권한다. 스스로 생각하고, 말하고, 듣는 것과 같이 여러 감각을 동시에 사용하면 내게 새로운 울림과 힘을 줄 것이다. 나에게 말 걸기는 나를 자라게 하는 말하기이다.

의사소통(意思疏通)

순리대로 상대와 공감하는 것

언어학을 공부하는 사람들이라면 성경의 몇 구절은 수없이 듣게 될 것이다. '태초에 말씀이 있었다.'라는 구절은 언어의 중요성을 이야기하는 것으로, '바벨탑' 이야기는 언어의 분화에 관한 이야기로, '오순절' 이야기는 언어의 소통에 관한 이야기로 기술되어 있는 것을 보게 될 것이다. 성경에 나오는 바벨탑과 오순절 이야기는 서로 다르면서 한 가지 공통점을 가지고 있다. 그것은 바로 의사소통에 관한 문제이다. 정확하게는 언어, 외국어의 문제이기도 하다. 오늘 이야기하고자 하는 것은 종교 이야기가 아니라 소통에 관한 이야기임을 밝혀 두고자 한다.

바벨탑의 이야기는 수없이 들어온 이야기이다. 사람

들이 하늘에 닿으려는 욕심으로 바벨탑을 쌓자 하나님이 탑을 무너뜨리고 언어를 갈라놓았다는 이야기다. 그래서 언어가 나누어졌다는 이야기다. 지금과 같이 많은 언어가 발생하게 된 원인이라는 설명이다. 종교에서는 사실이라 믿고, 과학에서는 터무니없는 이야기 취급을 하기도 한다. 하지만 두 입장이 공통적으로 간과하고 있는 사실도 있는 듯하다. 왜 언어가 서로 달라지게 되었을까? 왜 사람들은 소통이 막히게 되었을까?

내 생각에 바벨탑 이야기의 핵심은 소통이 막히게 된 원인을 살펴야 하는 것이다. 소통은 공감을 바탕으로 한다. 서로의 생각이 다른 곳에 닿아 있다면 소통은 없다. 그것은 비단 다른 말을 사용해서가 아니라 같은 말을 사용하더라도 마찬가지이다. 우리는 모두 같은 말을 쓰지만 말이 통하지 않는다고 이야기를 한다. 공감이 이루어지지 않았기 때문이다. 내 말을 못 알아듣는다고 불평을 하게 된다. 마치 서로 다른 언어를 쓰는 사람들처럼.

성경에서의 공감은 '하나님의 말씀'대로일 것이다. '하늘의 뜻'대로 산다면, 즉 순리대로 산다면 공감은 쉽다. 순리를 거스르고, 자신의 이익만을 취하려 한다면 당연히 공감은 사라지고, 말이 안 통하는 상태가 될 것이다. 그런 사람들은 같이 있을 수 없다. 뿔뿔이 흩어지는 것이 당연할 것이다. 바벨탑의 결말은 뿔뿔이 흩어지는 사람들의 모습이다. 소통이 막힌 결과이다.

오순절 이야기는 정반대의 접근이다. 예수님의 말씀을 전하려는 사람들 사이에 성령의 이적이 일어난다. 그래서 다른 지역에서 온 사람들에게도 복음이 거침없이 전해지는 장면이다. 이 장면도 종교와 과학은 입장이 다르다. 있을 수 있는 일이냐 없는 일이냐가 관심인 것이다. 그러나 나는 왜 소통이 되었을까에 관심을 기울여야 한다고 본다. 바벨탑의 경우를 생각해 보면 답이 나온다. 하나님의 말씀대로, 순리대로 사는 사람들은 언어를 초월한다. 언어가 다르다고 소통이 안 이루어지는 것은 아니다. 우리는 수많은 경험들을 통해서 알고 있다. 서로 언어는 다르지만 전하고자 하는 말의 내용을 공감한다면 소통은 일어난다. 경우에 따라서는 말을 하지 않아도 소통이 된다. '말 안 해도 알겠다.'라는 표현은 진정한 의미의 소통을 보여 준다.

외국어 교육에서 소통의 문제가 중요한 것은 이 때문이다. 사람들은 외국어 교육에서 유창성을 이야기하고 정확성을 이야기한다. 허나 유창성으로도 정확성으로도 해결할 수 없는 문제가 소통이다. 소통은 상호 이해를 바탕으로 하고, 공감을 바탕으로 한다. 의사소통을 이야기하기 전에 서로에 대한 이해가 우선되어야 함은 이러한 이유에서이다. 언어 교육에서 문화 교육이 중요한 이유도 여기에 있다. 문화 교육은 소통의 걸림돌을 치우는 것이기 때문이다. 문화를 이해하는 것은 오히려 서로 간에 다리를 놓고, 문을 열어주는 것이기 때문이다. 진정으로 의사소통을 하고 싶다면 순리대로, 상대방과 공감하려는 노력이 우선되어야 한다.

화법(話法)

자신을 잘 나타내는 방법

나는 이번 학기에 7년 만에 '소통을 위한 화법'이라는 강의를 하고 있다. 선생 입장에서도 하고 싶은 강의가 있고, 하기 싫은 강의가 있는데 '화법' 강의는 무척 애착이 가는 강의였다. 그런데 글쓰기 과목의 홍수 속에서 '화법' 강의는 힘없이 밀려 나갔고, 한동안 개설되지 못하였던 것이다. 그러던 차에 '교수의 개설 희망 과목'이라는 것이 생겨서 '화법'이 되살아나게 되었다. 따라서 우리 학교의 '화법' 과목은 이제 '내 과목'이라고 할 수도 있다. 앞으로 애정과 책임감이 점점 깊어질 듯하다. 종종 화법 속의 이야기도 여러분들에게 들려주고 싶다.

사람들 앞에서 말하는 것은 쉬운 일이 아니다. 청중

이 '많고 적고'를 떠나서 긴장되는 행위이기도 하다. 특히 모르는 사람들 앞에서의 말하기는 진땀을 흘리게도 한다. 말하는 사람들을 가만히 살펴보면 대체적으로 공통적인 문제들이 보인다. 스스로는 잘 못 느끼지만 청중의 위치가 되면 금방 알 수 있는 문제들이기도 하다.

    우선 말할 때 자기도 모르는 많은 버릇들이 나타난다. 여성들의 경우는 주로 계속 손이 머리카락으로 간다. 긴 머리가 앞으로 내려와서 자꾸만 손으로 넘기게 되는 것이다. 그 경우 청중들은 말하는 이에게 집중할 수가 없다. 심한 경우에는 입으로 머리를 불어 올리기도 한다. 남성들의 경우에는 자꾸 뒤통수를 긁곤 한다. 주로는 민망함을 떨치려 하는 행위이나 무언가 자신 없음이 겉으로 드러나는 행동이기도 하다. 이런 행위는 조금만 주의를 기울이면 줄이거나 없앨 수 있다.

    말을 할 때 어절의 뒷부분을 늘여서 발음하는 것도 좋지 않은 태도이다. 예를 들면 '제가요~'에서 '요'를 길게 발음하는 것이다. '학교에서~'에서 '서'를 길게 발음하는 것도 같은 예이다. 이러한 말투는 해 보면 금방 알 수 있다. 주로 아동들이 많이 하는 말투여서 나는 '아동의 말투'라고 이름을 붙였다. 앞에 나온 '요'를 어절마다 붙이는 것도 '아동의 말투'에 속한다. 다음의 문장을 보라. '제가요 어제요 학교에서요 친구들하고요 놀았어요.' 이 문장의 '요'는 아동들이 사용하는 더듬는 말에 속한다. 아동이 하여도 별로 좋아 보이지 않는 말투인데, 다 큰 사람들이 한다면 당연히 좋아 보일 리 없다. 문장의 뒷부분으로 갈수록 소리가 적어지는 것도 좋지 않다. 앞부분 소리는 괜찮은데 뒷부분은 잘 들리지 않는 것은 자신감이 없게 느껴진다. 자신의 의사를 분명히 표현하지 못하는 것이다. 아마 본인은 잘 느끼지 못할 것이다. 하지만 주의를 기울여가며 말을 한다면 이러한 말버릇도 쉽게 고칠 수 있다.

'음'이나 '에', '어' 등을 더듬는 말로 지나치게 사용하는 것도 좋은 태도는 아니다. 말을 더듬는다는 것은 말할 내용이 잘 준비되지 않았음을 보여 주는 증거가 된다. 또한 긴장하고 있음을 보여 주는 것이다. 어느 쪽이든 좋게 보이지 않는다. 따라서 말을 할 때는 내가 사용하고 있는 더듬는 말에 관심을 가져야 한다. '있잖아요, 그니까, 그게요'도 다 더듬는 말이다. '사실은, 실제로'와 같은 표현들도 군더더기가 되는 경우가 많다. 내 이야기가 오히려 진실하지 않음을 반증하는 것이기도 하는 것이다. 본인의 말에서 '사실은'과 같은 표현이 쓰이는 맥락을 생각해 보라. 아마 대부분의 경우는 다 더듬는 말에 속할 것이다. 말에 붙어 있는 군더더기를 줄이는 것도 화법에서는 매우 중요하다.

　　우리나라 사람들은 말하지 않고 아는 단계를 최고로 치기도 하였다. '말이 필요 없다, 그걸 말로 해야 아나, 말하지 않아도 돼' 등의 표현은 말에 대한 우리의 태도를 보여 준다. 하지만 언어를 사용하는 것이 인간의 특징인데 말을 하지 않을 수는 없을 것이다. 말을 해야 한다면 늘 자신의 말과 태도에 주의를 기울일 필요가 있다. 그게 자신을 잘 나타내는 방법이기도 하다.

토론(討論)

배려와 비판이 조화로운 말하기

서양식의 토론에 익숙해진 사람은 한국 사람의 토론이 답답하기만 할 것이다. 자신의 주장을 강력하게 이야기하고, 상대방의 논리적 허점을 파고들어 두 손을 들게 만들어야 토론이라고 생각하기 때문이다. 그런데 한국 사람들은 토론을 할 때 늘 상대방의 처지를 고려하는 경우가 많다. 그러니 질문이나 반박이 무디게 되는 경우들이 발생할 수밖에.

지켜보던 사람들이 토론을 이긴 사람에게 가서 '네가 너무 심했다'고 충고를 하기도 한다. 토론은 토론장에서 일어나는 것이라고 엄격히 분리하는 사람으로서는 이해가 안 되는 일이다. 토론에서 한 이야기를 왜 밖에서 언급하느냐고 말하는 경우가 있는데, 한국 사람에게 토론은 토론장에서

만 이루어지고 끝나는 것이 아니다. 그래서 '어차피 안 볼 사람도 아닌데'라는 말을 하기도 하는 것이다. 토론은 어차피 삶 속에서 일어나는 한 사건인 것이다.

그렇게 경계가 불분명한 것이 무슨 토론이냐고 말할 수 있을 것이다. 토론의 내용뿐 아니라 상대편에 대해서도 고려해야 한다면 진정한 토론은 이루어질 수 없을 것이라고 반론을 제기할 수도 있다. 하지만 한국의 토론에는 분명히 배려가 근간에 깔려 있다. 상대에 대한 배려가 없는 토론은 상대에 대한 무시로 이어질 수도 있다. 토론이 끝난 후에 보면 얼굴이 붉으락푸르락한 경우도 있다. 토론에 져서가 아니라 상대방의 태도가 기분 나빠서 생기는 현상이다.

전에 대학에서 고등학생들의 토론 대회 심사를 한 적이 있다. 한 팀이 다른 팀에게 자신의 주장을 펼치는데 예의라고는 찾아보기가 어려웠다. 토론에 무슨 예의냐고 할지 모르겠으나 토론이기 때문에 더 예의가 필요하다. 남의 의견을 반박하고 자신의 의견을 주장하는 것은 서로의 마음을 다치기가 쉬운 말하기이기 때문이다. 결국 심하게 토론을 펼친 팀이 이기기는 했는데 심사를 하는 나는 마음이 찜찜했다. 저렇게 몰아붙이는 게 이기는 건 아니라는 생각이 들었다. 그래서 마지막 강평 때 토론의 태도를 지적했다. 상대방에 대한 배려가 필요하다고. 그런데 미국에서 토론을 공부한 학자들은 의견이 좀 다른 듯이 보였다. 토론에 대한 이해가 다른 것이다.

학회에서의 토론을 봐도 마찬가지다. 서양에서 공부한 학자들은 한국 학회의 토론은 밋밋하고 재미도, 긴장감도 없다고 이야기를 한다. 그렇게 서로를 배려하고 칭찬할 거면 왜 토론을 하냐는 것이다. 나는 오히려 서양에서 공부한 학자들의 토론에서 아슬아슬함을 느낀다. 위태위태한 것이다. 물론 지나친 칭찬이 난무(?)하는 토론도 문제가 있다고 생각한다. 상대방의 권위에 눌려서 논리적인 접근마저 주저하게 되는 토론이라면 할 필요도 없다.

토론이 나아갈 길은 자신의 의견 개진과 상대방에 대한 배려가 조화를 이루어야 하는 것이라고 생각한다. 상대방의 수고에 대한 인정이 있어야 할 것이고, 훌륭한 부분에 대해서는 칭찬이 있어야겠다. 하지만 잘못된 부분이나 모순이 있는 부분에 대해서는 예의를 갖춘 비판이 날카롭게 있어야 할 것이다. 즉, 의견 개진과 배려는 서로 완전히 다른 것이 아니라 동시에 이루어져야 하는 것이라고 생각한다. 기존의 한국 토론이 예의나 체면 때문에 비판이 부족했던 부분이 있다면 그런 요소를 당연히 고쳐야 할 것이다. 재외동포의 경우를 보면 부모 자식 간이라도 이런 대화, 토론의 태도가 다르기 때문에 불편한 상황이 벌어지기도 한다. 부모와 의견이 다르더라도 학교에서 친구들과 토론하듯이 대화할 수는 없는 노릇이기 때문이다.

토론의 목적은 합리적인 의견을 찾는 것이다. 그래서 어느 한 의견을 정하는 것보다 서로의 의견을 모으는 것, 더 좋은 의견을 찾는 것이 중요하다. 토론 이후에 합의된 일을 같이 해야 하는 경우라면 더더욱 토론 이후의 상황도 생각해야 한다. 토론이 단순히 토론장에서만 이루어지는 아니라는 것은 이러한 토론의 목적과도 관련이 있다. 멋진 토론을 기대해 본다.

말 같은 소리

소통이 안 되면 말이 아니라 소리

우리말에서 말과 소리의 차이점은 무엇일까? 간단하게 생각해 보면 사람이 의미를 전달하기 위해서 하는 것은 말일 것이고, 자연에서 들리는 것은 소리일 것이다. '목소리가 좋다'는 말은 말의 의미가 좋다는 것이 아니라 그저 음성이 좋다는 뜻이다. '바람소리, 새소리, 벌레소리'처럼 말이다. 그런데 우리말에는 사람의 말을 '말'이라고 하지 않고, '소리'라고 하는 경우가 있다. 이것은 말을 의미를 전달하는 매개체로 보지 않고, 그저 귀에 울리는 소리로만 생각한다는 뜻이 된다. 당연히 귀담아 들을 리가 없다. 흘려듣는 말이 되는 것이다.

우리말에서 말이라는 표현 대신에 '소리'라는 표현이 쓰인 어휘들을 살펴보면 우리나라 사람들의 말에 대한 생각을 알 수 있다. 예를 들어 '잔소리'는 말이 아니라 소리일 뿐이다. 하는 사람의 생각은 교훈이 담겨 있다고 생각할지 모르겠지만 듣는 입장에서는 그저 지나가는 소리이다. 종종은 빨리 지나가기를 바라는 소리일 뿐이다. 잔소리는 소리 중에서도 작은 소리를 의미한다. 부스러기 같은 말이니 핵심이 되지 않는 말을 의미한다. 쓸데없는 말이 되는 것이다. '군소리'도 군더더기가 있는 말로 핑계나 변명에 해당하는 말이다. 잔소리를 제일 많이 듣는 사람은 아마도 아이들일 것이다. 부모님은 자식이 잘 되라고, 버릇을 고치려고 이야기를 하지만 아이들의 귀에는 단지 '소리'로만 들린다. 어려운 일이겠지만 부모는 자신의 말을 곰곰이 생각해 봐야 한다. '말'인지 '소리'인지. 의사소통은 둘이서 하는 것이기 때문이다.

'한소리 듣겠다.'라는 말은 '큰 소리'를 듣는다는 의미이다. '한'은 '큰'의 의미가 있다. 할아버지는 '한아버지'가 변한 말이고, 황새는 '한새'가 변한 말이다. 모두 '큰'의 의미가 있었다. 황새는 누런 새가 아니다. 황소도 원래는 '큰 소'라는 의미이다. 사람들이 누런 소를 표현한 것인 줄 알고 '황소'라고 부르게 된 것이다. '한숨'을 쉬는 것도 '큰 숨'을 쉬는 것이다. 우리말에 '큰소리 나게 하지 마라.'라는 표현이 있는데, 이는 나무라거나 소란스럽거나 화가 나는 장면을 소리라고 표현하고 있는 것이다. '한소리'도 '크게 나무라는 말'이라는 의미로 보인다. 스스로에 대한 반성이 없을 때 우리는 나무라는 말도 쉽게 '소리' 취급을 해 버린다. 누구를 나무란다는 것은 참으로 어려운 일이다. 반성 없는 이는 꾸짖어도 그다지 효과가 없기 때문이다. 듣는 이가 반성하는 마음을 갖게 하고나서 타이르고, 나무라야 하는 것이다.

'흰소리'는 터무니없는 말을 떠벌이는 것을 의미한다. 흰소리는 그러한 의미에서 '헛소리'와 통하는 면이 있다. '헛소리'는 비어 있는 소리라는 뜻이니 실체가 없는 허황된 소리가 되는 것이다. 흰소리도 헛소리도 해서는 안 되는 말들이다. 말이라고 보기에는 문제가 있는 소리들이기 때문이다. 되지도 않을 일에 허풍을 떨고, 남이 귀담아 듣지 않을 이야기를 떠들어 대는 것은 다 의미가 없다.

우리말에 '말 같은 소리를 해라'라는 표현이 있는데, 이때도 하는 사람은 '말'이라고 생각하지만 듣는 사람은 '소리'라고 생각하는 것이다. 말과 소리의 의미가 분명하게 갈리는 순간이다. 말 같은 소리를 하라는 말은 '소리를 하지 말고 말을 하라.'는 뜻이다.

'잔소리, 한소리, 큰소리, 흰소리, 헛소리' 등의 우리말 어휘들은 우리에게 깨달음을 준다. 쓸데없는 말, 핑계만 많은 말, 소란스럽고 화를 돋우는 말을 피하라는 것이다. 또한 허황되고 의미 없는 대화를 하지 말라는 경고도 담겨 있다. 이런 우리말 표현들을 보면서 나는 오늘 내가 한 말이 '말'이었는지 '소리'였는지 생각해 본다. 오늘 하루 여러분은 말을 했는가, 소리를 했는가? 나는 어떤 소리를 했을까?

문맹(文盲)

말로 하지 않아도 아는 사람

　우리는 세종대왕이 한글을 창제하신 것에 대해서 무척 자랑스럽게 생각한다. 어리석은 백성을 가엽게 여겨서 한글이라는 익히기 쉽고 쓰기 쉬운 글자를 만들어 주신 것에 고마운 마음이 많다. 하지만 세종대왕이 한글을 만드신 것이 꼭 좋은 것이었을까? 옛날 사람들은 글자를 모르는 것이 정말 엄청 답답했을까? 만약 그렇게 답답했다면 해방 전까지도 문맹률이 엄청 높았다는 것이 잘 이해가 되지 않는다. 해방 이후에 남북한 모두 제일 중점을 둔 분야 중 하나가 문맹 퇴치였다는 점도 문맹이 만연하였음을 보여 준다.

　한글이 창제되기 전에는 문맹이 아닌 사람이 오히려 이상했을 것이다. 글을 모르는 사람들 입장에서 볼 때 왜 글을 배우는지 이해가 안 되었을 수도 있다. 예전에 중국에서 한자를 처음 만들었다고 알려진 창힐이라는 사람은 문자를 만들기 전에 고민에 빠졌었다고 한다. 문자를 만드는 것이 반드시 좋은가에 대한 회의가 있었기 때문이다. 창힐은 문자를 만들면 서로 속이는 일이 많아질 것이라 걱정을 하였다. 문자를 만드는 것이 서로 간의 신뢰를 높이는 것이 아니라 '사기(詐欺)'의 원인이 된다는 것은 이해가 잘 안 되는 일이다.

하지만 생각해 보면 문자로 서로의 약속을 적는다는 것은 못 믿겠다는 표시이기도 하다. 우리는 서로 못 믿을 때 맹세의 글을 쓰라고 한다. 각서도 같은 의미이다. 차용증도 계약서도 다 그런 이유에서 쓰게 된다. 믿는 사람 사이에 차용증이 필요할 리 없다. 부모 자식 간에 차용증이 있다면 우스운 일이 된다. 사실 형제도 그렇고 처가나 시댁도 그렇고 무엇인가를 적고 돈을 빌린다면 믿지 못하는 사이임을 밝히는 것이다. 맹세의 말을 적고 약속을 하는 경우에는 대부분 약속도 지키지 못하는 경우가 많다. 술을 안 마신다, 공부를 열심히 하겠다, 도박을 하지 않겠다, 게임을 끊겠다는 약속을 적은 종이는 그야말로 휴지조각이 되어 버린다. 각서를 많이 쓴 부부가 사이가 좋다면 그게 오히려 이상하지 않을까?

아메리카 인디언의 이야기를 보면 대부분 문자를 사용하지 않았던 것으로 나온다. 문자가 없다고 지혜도 없었을까? 오히려 그 반대였다는 생각이 든다. 문자가 없지만 인디언들의 철학과 지혜는 깊고도 넓었다. 특히 자연에 대한 생각, 환경에 대한 생각, 협동에 대한 생각, 조화에 대한 생각은 지금도 우리에게 큰 깨달음을 준다. 글을 모르는 것이 아니라 글이 굳이 필요하지 않았던 것이다. 글이 필요했다면 만들지 않았을 리가 없다.

장수로 유명한 많은 마을들이 문맹률이 높다는 것은 우리에게 또 다른 생각거리를 준다. 어떤 경우에는 글이 스트레스의 원인이 된다. 글이 생기고 나서 수많은 읽을거리가 생겨났다. 읽어도 끝이 없고, 의미도 불분명하다. 때로는 글을 읽지 않은 사람이 차별을 당하기도 한다. 글을 모르는 사람이 당하는 차별은 그 정도가 더 심할 것이다. 글이 꼭 우리를 행복하게 하는 것은 아니다.

문맹이 즐거운 것일 수도 있다는 생각을 해 본다. 글이 인간에게 꼭 필요한 것이 아니라면 가끔 책을 덮어 둘 마음을 가져보는 것은 어떨까? 단순히 글을 읽기 싫어서가 아니라 글 속에 얽매여 있지 않기 위해서 책을 덮어 보는 것이다. 책을 덮고는 더 생각을 깊게 하는 시간, 사람들과 이야기하는 시간을 늘려보면 어떨까? 우리가 갑자기 다시 문맹이 될 수는 없겠으나 종종 글 없는 또 다른 지혜의 세계를 만나보는 것도 의미 있는 일이 아닐까?

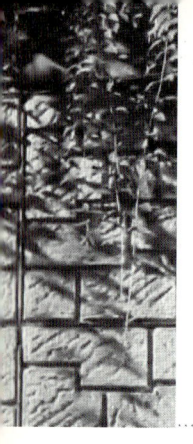

감동 주기

우리는 같은 사람이라는 것

　　말로 사람에게 감동을 전달하기는 쉬운 일이 아니다. 실제로 감동을 주는 말하기를 들어보면 '글'로 쓴 것과는 많은 차이가 있다. 같은 내용이라고 하더라도 목소리의 크기, 속도, 어조 등에 따라 전혀 느낌이 다르다. 또한 말하는 장면을 보면 말 이외의 여러 수단이 동원되고 있다. 대표적인 것이 비언어적 행위들이다. 가장 크게 작용하는 것은 아마도 표정일 것이다. 그리고 손짓이나 어깻짓도 감정을 전달하는 수단이 될 것이다.

　　감동은 듣는 사람이 갖고 있는 '느낌을 움직이는 것'이다. 느낌은 어떨 때 움직이게 될까? 우선은 말하는 사람의 감정에 일치하는 감정을 갖게 되어야 할 것이다. 우리는 이러한 상태를 '동감'이라고도 하고 '동정'이라고도 한다. 동감이라는 단어는 '생각이 같은 것'을 의미하는 느낌으로 쓰이고, '동정'은 '불쌍한 사람을 도우려는 마음'처럼 쓰이지만 원래의 기원은 상대와 같은 감정을 갖는다는 의미였을 것이다. '동감'이 같다는 의미이기 때문에 '공감'에 비해서는 일치도가 높다는 느낌이다.

 그래서 감동을 주는 말하기를 하려면 상대편의 동감을 이끌어내는 것이 무엇보다도 중요하다. 부모에게는 아이들 이야기를 하면 동감이 빠르다. 자식들에게는 부모 이야기를 하면 감동이 빠르다. 아이들 이야기보다 부모 이야기가 감동스러운 것은 자식이 없는 사람은 있지만 부모가 없는 사람은 없다는 사실에 기인한다. 부모님의 속을 썩여드린 이야기, 부모의 자식에 대한 헌신적인 사랑, 덧없이 떠나버린 부모님의 이야기는 우리를 감동 속으로 몰고 간다. 부모는 우리 감정의 원천이다. 모든 이가 동감할 수 있는 것은 우리 모두 부모님이 계시기 때문이다.

 감동을 주는 말하기를 위해서는 듣는 이에 대한 관심도 중요하다. 별 생각 없이 말한 것이 듣는 이의 아픈 상처를 건드리는 경우도 있다. 감동을 주는 것도 중요하지만 듣는 이의 상처를 헤집을 필요는 없다. 듣는 이 스스로가 상처를 드러내고 치유 받고 싶은 환경을 만들어 주어야 한다. 그런 의미에서 본다면 감동을 주는 말하기를 잘 하는 사람은 '잘 들어주는' 사람이기도 하다. 듣는 이에 대해서 잘 알게 되는 것이 감동의 또 다른 결과가 되기도 한다.

감동은 달변에서 오지 않는다. 화려한 미사여구를 구사하는 사람들, 스스로 감동적인 연설가라고 생각하는 사람들은 감동을 주지 못하는 경우가 많다. 그의 감정에 청중의 감정이 따라오지 못하기 때문이다. 자기 혼자 저만치 달려가 있는 경우도 많다. 감동적인 말하기에서 진실함이 필요한 이유이다. 내가 전달하고 싶은 감동은 무엇인가? 왜 나는 그 사연에서 감동을 갖고 있는가? 청중이 감동을 받아야 하는 이유는 무엇인가? 감동을 전하고, 받으면 세상은 어떻게 달라지는가? 내가 꿈꾸는 세상은 무엇인가?

이야기를 잇지 못하고 눈만 껌벅이는 사람의 모습은 우리를 먹먹하게 만든다. 울먹이며 돌아선 어깨의 흔들림은 우리의 마음 또한 흔들어 놓는다. 겨우 이어가는 이야기의 떨림은 우리의 마음에 수많은 떨림을 만든다. 숨을 고르며 한 마디 한 마디 띄엄띄엄 말하는 모습에서 우리 마음의 빈

공간은 그의 이야기와 내 이야기로 메워진다. 이제 누구의 이야기인지 구별도 되지 않는다. 모두 내 이야기, 우리의 이야기가 되는 것이다. 그게 동감이고, 동정이다.

최근 몇 년 사이에 '치유'가 중요한 화두가 되고 있다. 외로워서 그럴 거다. 나를 이해해 줄 사람이 없다는 생각, 나와 함께 울어줄 사람이 없다는 생각 때문일 거다. 나를 위해서 울어줄 사람이 한 사람만 있어도 자살을 하지 않았을 것이라는 아픈 고백도 생각난다. 나는 감동을 주는 말하기를 통해서 '우리는 같은 사람'이라는 것을 확인하고, 따뜻한 정이 흐르는 세상에서 서로를 위로하며 살게 되기 바란다. 그게 우리에게 감동이 필요한 이유다.

대화(對話)

알맞은 시간을 나누어 하는 이야기

대화는 상대가 있는 말하기이다. 간단히 말해서 상대와 말하는 것이 대화인 것이다. 영어의 다이얼로그(dialog)라는 말도 '여럿이 함께하는 말하기'라는 뜻이다. 대화라고 하면 화자가 있고, 청자가 있는 말하기라고만 생각하는 듯하다. 여기에서 문제가 발생한다. 화자가 있고 청자가 있는 것은 맞지만, 화자가 청자가 되기도 하고, 청자가 화자가 되기도 한다는 사실을 잊어서는 안 되는 것이다. 좋은 청자가 되는 것도 대화의 중요한 조건이라는 말이다.

우리는 대화를 연설처럼 하는 경우를 보게 된다. 즉, 한 사람은 계속 이야기를 하고 다른 사람은 듣게 되는 것이다. 물론 아주 재미있는 이야기여서 그럴 수도 있다. 흠뻑 이야기 속에 빠져서 그 맥을 끊고 싶지 않아서 청자로 남게 되는 것이다. 이런 경우라면 종종 대화가 일방향인 것도 나쁘지 않을 것이다. 그러나 대부분의 경우 말하는 사람이 신이 나서 이야기를 끊지 못하는 경우가 많다. 마치 말하기에 한이라도 맺힌 듯 쉴 새 없이 이야기를 쏟아붓는 것이다.

대화는 쌍방향의 행위이다. 당연히 연설이 되어서는 안 된다. 상대방이 내 이야기를 듣고 싶어 할 것이라고 단정 짓지 말자. 여러분도 대화를 나눌 때 자기 이야기만 잔뜩 하는 사람과 이야기를 나눈 경험이 있을 것이다. 주로 자기 이야기를 많이 하는 사람들은 직장의 상사이거나 어른, 선배인 경우가 많다. 그 이유는 뭘까? 주로 아랫사람들이 이야기를 끊기 어렵다는 점에서 원인을 찾을 수 있다. 윗사람에게 '말수 좀 줄이시지요?', '왜 이렇게 말이 많으세요?', '저도 말 좀 합시다!'라는 말은 정말 하기가 어렵다.

대화에서 가장 좋은 시간 배분은 서로 비슷한 시간을 말하는 것이다. 내가 말한 만큼 들으려고 하는 것이 좋다. 한 시간 대화를 나눈다고 하면 둘이 있을 때는 30분을, 셋이 있을 때는 20분을, 넷이 있을 때는 15분을 이야기하면 충분한 것이다. 그럼에도 우리는 자꾸 말하기의 주도권을 잡으려 노력한다. 내가 조금 덜 이야기하면 왠지 손해 본 듯한 느낌을 받는다. 알맞은 시간을 서로 나누어 이야기를 하는 것이 중요한 것임에도 말이다.

나이를 먹으면서 가장 조심해야 하는 것 중의 하나가 '말'이다. 말의 내용도 내용이지만, 말의 길이가 더 조심해야 할 부분이다. 우리는 끊어질 듯 끊어지지 않는 교장 선생님의 훈화 말씀을 '지겨운 말하기'의 대명사처럼 이야기한다. 아마도 교장 선생님은 아이들에게 하나라도 더 들려주고 싶은 욕심이 있었을 것이다. 아이들을 바르게 자라게 하려고 금과옥조(金科玉條) 같은 말들을 고르고 또 골랐을 것이다. 하지만 아이들은 그저 지겨웠을 뿐이다.

내가 재미있다고 하는 말하기도 알고 보면 그저 훈화 말씀처럼 들렸을 수도 있다. 일방적으로 내 관심사에 대해서 이야기하고 있는 것일 수도 있다. 물론 상대의 호응이 좋은 경우도 있을 수 있다. 이러한 호응에도 내 위치 때문에 거짓이 담겨있을 수도 있다. 다시 말하지만 혼자 많이 말하는 것은 대화가 아니다. 일방적인 말하기에 불과하다는 점을 기억해야 한다.

요즘 내가 제일 조심하는 말하기는 '내용'이 아니라 '길이'이다. 말이 참 많다. 학생들과 이야기를 하다보면 괜히 신이 나서 끊임없이 이야기를 한다. 상대에 대한 고려가 적어지는 것이다. 그래서 요즘에 나는 의도적으로 질문을 많이 하려고 한다. 그렇게 하다 보니 학생들도 자신의 이야기를 하기 시작한다. 자연스럽게 나도 듣게 된다. 학생들이 무슨 생각을 하는지, 왜 힘들어 하는지, 뭐가 그리 즐거웠었는지도 조금씩 알게 된다. 진정으로 대화가 시작되는 것이다.

짜증내는 말하기

상처를 남기는 말하기

짜증내는 말하기는 짜증이 나는 말하기이기도 하다. 내가 다른 글에서 내렸던 정의처럼 '짜증은 자신을 쥐어짜는 병'이고 쉽게 전염되기도 한다. 우리는 짜증을 '묻어난다'고 표현한다. 단순히 붙어 있는 것이 아니라 찐득찐득하게 묻어 있어서 가만히 있으려 해도 자꾸만 스멀스멀 나오는 것이다.

사춘기 아이들이 하는 말에는 짜증의 언어가 절반은 되는 듯하다. 대답에는 늘 짜증이 묻어 있다. 아이들에게 뭘 물어보면 답을 제대로 하는 경우가 많지 않다. 아이들은 '왜요?'로 응답하는 경우가 많다. 궁금해서 되묻는 것이 아닌 '왜요?'나 '뭐가요?'를 듣다보면 짜증이 무언지 알게 된다. '오늘 학교는 몇 시에 끝나니?'하고 물으면 '왜요?'라고 대답한다. 곧바로 몇 시에 끝난다는 대답은 잘 안 한다. 왜 '왜요?'라고 대답을 하냐고 물으면, 곧바로 '뭐가요?'라는 답이 튀어나온다. 그러고는 '아, 진짜!'라는 짜증 덩어리 표현을 뱉어낸다. 아이들의 의사소통 방식이 짜증으로 가득하다는 것은 안타까운 일이다. 아이들은 어른들의 질문에 대답하기를 싫어한다. 그래서 늘 되묻는 것이다. 이는 질문을 하지 말라는 뜻이고, 간섭하지 말라는 뜻이고, 이야기를 하고 싶지 않다는 뜻이다.

연인들이나 가족 간의 대화에서도 짜증이 묻어 있는 경우가 많다. 무슨 말만 하면 '됐거든!'이란 표현이 나온다. 이야기 좀 하자고 하면 '그만 하자.'라는 말부터 한다. 이야기를 통한 소통을 끊어버리는 말투들이다. '아, 피곤해.'라는 표현에도 짜증이 담겨 있다. 피곤하니까 다음에 이야기하자는 뜻이다. '알았어, 알았어.'라는 표현도 자주 쓴다. 무엇을 알았다는 말, 이해했다는 뜻이 아니라 더 이야기하고 싶지 않다는 표현이다. 답은 안 하고 괜히 한숨만 쉬는 경우도 있다. 나이를 좀 먹은 사람들의 짜증에는 회피가 담겨 있다. 일단 이 순간을 피하자는 것이다. 짜증나는 말하기의 경우에 피하는 것도 한 방법이 된다. 하지만 짜증을 내며 피하는 것은 오히려 짜증을 키운다.

아마 듣기에 가장 짜증나는 표현은 '아, 짜증나!'일 것이다. 어떤 사람을 보면 늘 '짜증'이라는 표현을 입에 달고 산다. 그러니 짜증이 안 날 수가 없다. 또한 '재수 없어'라는 표현도 쉽게 내뱉는다. 그러니 '재수'가 있을 리가 없다. 자신이 던진 표현들은 그대로 자신에게 돌아오는 법이다. 자신이 하루 동안 자주 하는 표현들을 살펴보라. 좋은 말들이 많았는가, 아니면 짜증 섞인 표현들이 많았는가? 나를 인상 쓰게 만든 수많은 표현들이 내 주름 골에 들어와 박혀있다.

짜증과 관련된 말로 '욕'도 빼놓을 수 없을 것이다. 말끝마다 욕이 붙어 있다. 욕이 마치 '조사'처럼 쓰인다. '내가XX 어제XX 학교에서XX 친구를XX 만났는데XX······.'에서 XX에 해당하는 부분에 욕을 넣어 보라. 욕이 자신의 수준을 나타내는 것은 모르고, 센 사람의 상징처럼 받아들이고 있다. 더 세 보이려고 욕을 '전쟁' 수준으로 하는 것이다. 어린 나이에 세 보이려고 하는 것은 그렇다 치겠는데, 나이가 들어서도 욕을 달고 사는 사람들은 참 답답하다.

짜증은 전염된다. 어쩌면 그 사람의 짜증 섞인 말투는 내게서 전염된 것일 수도 있다. 따라서 나부터라도 말에서 짜증을 없앤다면 훨씬 나은 소통을 하게 될 것이다. 짜증나는 말하기는 나와 상대방 모두를 황폐화한다. 특히 가까운 사람 사이에서 짜증나는 말하기는 오랜 기간 상처로 남을 수 있다는 점을 잊지 말자.

말을 듣다

몸과 마음이 들려주는 소리를 듣는 것

　　듣는 것은 귀가 하는 행동이기도 하지만 몸이나 마음이 하는 행동이기도 하다. '내 말 좀 들어라.'라고 할 때 단순히 듣기만 해서는 안 된다. '말을 잘 듣는 아이'라는 말에는 행동이 포함되어 있다. 아이가 말을 듣고 아무것도 하지 않는다면 의사소통에 실패한 것이다. 말을 듣지 않는 아이도 청각적으로 말하자면 다 들은 것이지만 실제로 들은 것은 없는 게 된다. 말을 잘 듣는 것은 쉬운 일이 아니다. 말을 잘 듣는 아이나 학생을 만나는 것은 행운이 아닐 수 없다.

　　우리말의 듣는다는 말은 참 재미있다. 우리말에서 듣는 것은 귀로만 하는 행위가 아니다. 우리는 '몸이 말을 안 듣는다'는 표현도 하고, '손이 말을 안 듣는다'는 표현을 하기도 한다. 우리식으로 하자면 몸에도 귀가 있고, 손에도 귀가 있는 것이다. 내 마음이 하는 소리를 몸도 들어야 하고, 반대로 이야기하자면 내 몸이 하는 소리를 마음도 들어야 한다. 내가 하고자 하는 대로 몸과 마음이 움직이지 않는다면 모두 잘못 듣고 있는 것이다. 우리는 마음의 귀, 몸의 귀를 열어놓고 잘 들어야 한다.

나이가 들수록 몸은 마음의 소리를 잘 못 듣는 듯하다. 내 뜻대로 몸이 안 움직이는 것이다. 전에 잘 되었으니까 지금도 내 몸이 잘 움직이겠지 하는 생각을 하지만 몸은 천근만근의 무게로 잘 안 따라 온다. 속도도 떨어지고 세밀함도 떨어진다. 몸의 반응이 예전만 못 한 것이다. 하지만 생각해 보면 몸은 내 상태에 따라 잘 움직이고 있는 것일 수도 있다. 이미 무리하게 움직이면 탈이 나는 나이가 되었음을 들려주고 있는 것이다. 몸이 말을 잘 안 들으면 쉬어가야 한다. 그러면 몸이 말을 듣는다.

오히려 나이를 먹으면 마음이 몸의 소리를 잘 듣는다. 몸은 끊임없이 마음에 신호를 보내고 있다. 사람들은 나이가 먹어서 그런지 쉽게 피곤하다는 말을 한다. 술도 잘 안 깬다고 하고, 조금만 걸어도 피곤하다는 말을 한다. 눈이 침

침해졌다고도 하고, 별일 아닌데도 눈물이 난다는 말도 한다. 모두 몸이 나에게 들려주는 이야기이다. 나이를 먹으면 무리해서 돌아다니는 일보다는 주변을 돌아보는 일을 더 정성껏 해야 한다. 몸에 안 좋은 일은 피해야 한다. 어쩌면 글을 읽는 것보다는 생각하는 시간을 늘려야 하고, 주변 사람들의 모습을 내 일처럼 살펴야 한다. 모두 몸이 내게 들려주는 이야기이다. 감기나 가벼운 우울증이 내게 들려주는 신호도 잘 알아채야 한다. 건강에 자만하지 말라는 말이고, 내 속의 나를 들여다보는 일만큼 내 밖에 있는 사람들의 소중함을 알아야 한다고 끊임없이 말을 건네고 있는 것이다.

공자는 '아침에 도(道)를 들으면 저녁에 죽어도 좋다'는 말씀을 하셨다. 듣는 것의 엄중함을 보여 주는 말이 아닌가 한다. 듣기만 하는 것은 아무 소용이 없는 것이다. 들은 것이 내 심장을 울리고, 나를 새로 태어나게 하여야 진정한 '들음'이 된다. 믿는다는 말과 깨달았다는 말은 같은 말이다. 믿는다는 말, 깨달았다는 말은 변했다는 말이다. 함부로 깨달았다는 말을 할 수 없는 것처럼 함부로 믿는다는 말도 할 수 없다. 왜냐하면 스스로 변하지 못하였음을 잘 알고 있기 때문이다. 종교를 믿는 사람들에게 묻고 싶다. 믿는 만큼 변했는가? 저녁에 죽어도 좋은가? 세상의 진리를 듣는 것은 진실로 귀한 일이다. 진리를 찾아 길을 나서야 하는 이유가 여기에 있다.

듣는 것도 믿는다는 것과 마찬가지이다. 아침에 진리를 들으면 저녁에 죽어도 괜찮은 것이다. 단순히 죽어도 좋다는 의미라기보다는 더 이상 죽음이 두려워지지 않는다는 의미로 보인다. 어떻게 사는 것이 좋은 것인지를 아는 사람은 더 이상 죽음이 두렵지 않은 것이다. 내 몸이 들려주는 소리를 들으라. 내 마음이 들려주는 소리를 들으라. 진리가 들려주는 소리를 들으라. 인생은 내 안팎의 소리를 잘 듣는 것이다.

싫은 소리하기

믿음이 전제되어야 하는 말하기

어떻게 하면 말을 잘 할 수 있을까에 대한 질문에 나는 종종 그 사람이 듣고 싶은 말은 하고, 듣기 싫어하는 말은 하지 말라고 한다. 이 말을 잘못 들으면 아부하라는 말처럼 보이고, 상황을 회피하라는 말처럼 생각될 것이다. 하지만 의사소통을 위해서 말을 어쩔 수 없이 해야 한다면, 듣고 싶은 말을 잘하는 것은 매우 중요하다. 또한 듣기 싫어하는 말을 하지 않으려 노력하는 일은 힘들지만 의미 있는 일이다.

비판과 비난은 둘 다 다른 사람의 잘못을 지적한다는 공통점을 가지고 있지만, 태도의 면에서는 큰 차이점이 있다. 내 방식으로 설명하자면 비난은 듣기 싫은 말을 하는 것이고, 비판은 듣기 싫은 말을 듣고 싶게 만드는 것이다. 다시 말해 비난은 무조건 기분이 나쁜 것이고, 비판은 아프지만 받아들이게 되는 말하기이다. 따라서 내 입 밖으로 나오는 비난을 줄이고 어쩔 수 없이 말을 해야 할 때는 비판을 할 수 있어야 할 것이다.

사람들은 받아들일 준비가 안 된 사람에게 그의 잘못을 깨달으라고 여러 말을 하곤 한다. 그러고는 교육을 시켰다든가, 언젠가는 내 진심을 알 거라든가 하는 말을 한다. 하지만 내가 볼 때 교육은 받는 사람의 처지도 중요하다. 어떤 사람은 몇 마디 안 해도 알아듣고, 다시는 같은 잘못을 반복하지 않는다. 하지만 어떤 사람은 아무리 이야기를 해도 머릿속에 담아두지 않고, 곧바로 같은 잘못을 저지른다. 그리고 그런 경우에는 한참의 세월이 지난 후에도 진심을 깨닫게 되는 경우가 거의 없다. 어릴 때 혼났던 일들 중에 지금 생각해 보니 고마웠던 일들이 몇 가지나 되는가?

다른 이의 잘못을 이야기할 때 무엇보다 중요한 것은 신뢰이다. 내가 너를 믿고 있다는 마음을 나누는 것이 중요하다. 두 사람의 신뢰가 바탕이 되지 않으면 비난과 단순한 나무람이 된다. '커서 뭐가 될래?'의 마음으로는 공감을 이끌어 내기 어렵다. '난 네가 앞으로 올바르게 살 거라고 믿는다'는 마음이 선행되어야 하는 것이다. 주로 어머니나 할머니의 말씀은 이런 신뢰를 보여 준다. 할머니께서는 '우리 손주는 지금은 좀 속을 썩이지만 반드시 좋은 모습으로 돌아올 것'이라는 믿음을 갖고 있는 것이다.

다른 이의 잘못을 이야기할 때 듣는 이가 듣고 싶은 마음이 생기게 만드는 것도 필요하다. 들을 수 있는 분위기가 되어야 한다. 가정의 예를 들어보자. 짜증이 섞인 목소리, 흥분된 집안 분위기, 시끄러운 소음 속, 형제가 지켜보고 있는 환경 등에서는 듣고자 하는 마음이 생기지 않는다. 직장에서도, 학교에서도 마찬가지일 것이다. 듣고 싶은 분위기를 만들어 주어야 할 것이다. 듣고 싶은 분위기가 아니라면 차라리 이야기하지 않는 것이 낫다. 오히려 이야기를 함으로써 역효과를 가져오는 경우가 많기 때문이다. 괜히 이야기했다고 후회하는 상황은 주로 감정적으로 말을 쏟아내어 절제되지 않은 표현을 사용했을 때다. 돌이켜 생각해 보았을 때 후회되는 말하기를 줄이는 것이 말을 잘 하는 길이다.

표현을 잘 골라 쓰는 것도 중요한 일이다. 다른 사람과 비교하기, 옛일 끄집어내 말하기, 욕설 섞어 쓰기, 비꼬는 말하기 등은 다 역효과가 난다. 역효과가 날 만한 말들을 해

놓고 교육을 시켰다고 하는 것은 문제다. 다른 사람을 비판할 때는 항상 나는 그를 신뢰하는지, 그는 내 말을 들으려 하는지, 내 표현에는 진실함이 있는지 고민해 보아야 할 것이다. 남에게 싫은 소리를 하는 것은 쉬운 일이 결코 아니라는 점을 명심해야 한다.

자식을 키우면서, 학생을 가르치면서 나의 이런 다짐은 수없이 무너지게 된다. 그걸 알면서도 난 오늘 이런 글을 내보이는 것이다. 아프다.

칭찬하기

장점을 살피는 관심

사람을 칭찬하는 것은 매우 어려운 일이다. 기분 좋은 말을 하는 게 왜 어려울까 생각하겠지만 칭찬은 '아부'와 가깝게 닿아 있다는 점에서 쉬운 행위가 아니다. 자칫하면 아부로 비칠 수 있는 것이다. 굳이 칭찬과 아부를 나눈다면 나에게 돌아올 것을 기대하는지 그렇지 않은지에 있다. 내게 돌아올 이득을 생각한다면 그것은 아부가 될 것이다. 이것은 선물과 뇌물의 관계와도 비슷하다. 나에게 돌아올 것을 생각하면 그건 참된 의미의 선물이 아니다. 말을 할 때 내게 돌아올 이득을 생각하지 않고 말을 한다는 것은 쉬운 일이 아니다.

칭찬이 어려운 또 다른 이유로는 듣는 사람이 좋아

해야 한다는 것이다. 듣는 사람이 좋아할 만한 말을 선택하는 것은 쉬운 일이 아니다. 타고난 감각이 있어야 하는 것이며, 감각이 없다면 무단한 연습이 필요한 것이다. 상대방을 칭찬하기 위해서는 무엇보다도 관심이 필요하다. 보통 상대방이 달라지려고 노력한 점을 칭찬하면 기분이 좋을 것이다. 머리를 자른 사람에게는 머리 모양을 칭찬해야 하고, 새로 옷을 산 사람에게는 옷매무새를 칭찬하여야 한다. 최근에 어떤 일을 성공한 사람에게는 축하를 보내야 하고, 어려움을 이겨낸 이에게는 격려를 보내야 한다. 축하도 격려도 칭찬과 연관되어 있는 행위이다. 이런 칭찬을 하려면 상대에 대한 관심이 절대적이다. 듣고 싶어 하는 칭찬을 해 주어야 하는 것이다. 머리를 잘랐는데, 옷 칭찬을 하면 어색해진다.

칭찬을 잘 하기 위해서는 표현력도 중요하다. 정치적 선호도를 떠나서 나는 노무현 전 대통령의 칭찬 화법에 배울 점이 많다고 생각한다. 노무현 전 대통령에게 문재인 씨가 친구냐고 물었을 때 노무현 전 대통령은 누군가의 친구라는 표현이 기분이 좋은 거라면 '노무현의 친구 문재인'이 아니라 '문재인의 친구 노무현'이라고 해달라는 말을 했다고 한다. 문재인 씨가 동지로서 끝까지 노무현 전 대통령의 곁을 지킬 수 있었던 힘은 이 칭찬에서 나왔다고 본다. 또한 노무현 전 대통령은 첫 비서실장이었던 문희상 씨를 평가해 달라는 말에 다음과 같이 대답하였다고 한다. 겉보기에는 장비 같다고 생각했는데, 만나 보니 관우와 같은 의리, 유비와 같은 포용력을 갖고 있더라고 평가하고는 삼국지의 장비, 관우, 유비를 한꺼번에 얻은 기분이라고 했다. 노무현 대통령은 칭찬을 통해 주변의 사람들의 마음을 얻었을 것이라는 생각이 들었다. 이렇게 칭찬은 단순하게 기분을 좋게 하는 것이 아니라 서로가 평생의 벗이 되게도 한다.

물론 칭찬에서 가장 중요한 것은 반드시 진심이 담겨야 한다는 것이다. 형식적인 칭찬은 예의에는 맞을지 모르나 마음을 움직일 수는 없다. 진실로 상대의 장점을 찾으려는 노력이 필요하다. 그렇지 않으면 모든 것은 가식이 되고 만다. 잘 살펴보면 누구나 장점이 있다. 심지어 단점처럼 보이는 것도 다른 면으로 보면 장점이 된다. 소극적인 성격이 조심스러운 성격이 되기도 하고, 신중한 성격이 되기도 하지 않는가?

나는 사람들을 만날 때 상대편이 오늘은 무엇이 달라졌나를 살핀다. 사람들의 장점을 살필수록 그 사람과의 관계가 긍정적으로 변화한다. 좋은 점이 더 많아 보이니 그럴 수밖에 없을 것이다. 그리고 장점을 찾으면 어떤 칭찬을 해 주면 좋을까 생각한다. 이렇게 생각하는 시간도 내게는 행복이 된다. 칭찬은 나의 삶에도 긍정적인 효과를 준다. 칭찬이 보약이라는 말은 나에게도, 그에게도 해당하는 말이다. 세상을 아름답게 바꿀 수 있는 시작이기도 하기 때문이다.

편찮다

아픔에는 치료가, 편찮음에는 관심이

'아프다'의 높임말은 '편찮다'이다. 살면서 제일 힘들고 고통스러운 것은 아마도 나를 포함하여 가족과 친구들이 아픈 것일 게다. 늘 인사말에 '건강하세요.'를 쓰는 것은 아픔이 가져다주는 공포가 있어서라는 생각이 든다. 아픈 것은 무엇일까? 물론 아픈 것은 신체만을 의미하는 것은 아니다. 심리적인 아픔도 매우 크다. 아니 어떤 경우에는 마음이 아픈 것이 더 참기 힘들다.

'편찮다'라는 말은 '아프다'를 높이는 말로서 완곡한 표현이라고 할 수 있다. 아픔을 직접 언급하는 것이 꺼려져서 돌려서 말하는 것이다. 완곡하다는 말은 부드럽다는 의미도 되고, 돌려 말한다는 의미도 된다. 옛말을 보면 우리는 주로 병에 대한 어휘를 피하려고 하였다. 어떤 경우에는 병명을 '마마'라고 아주 높게 부르기도 하였다. 임금님께나 부를 만한 호칭을 병에 붙이다니 놀라운 일이 아닐 수 없다.

아픈 것을 우리나라 사람들은 편하지 않은 상태로 보았다. '편찮다'는 말은 바로 '편하지 않다'가 줄어든 말이다. 편하지 않은 것이 좋지 않은 것이고, 그것을 아프다는 말 대신 쓴 것이다. 그래서 우리는 '몸이 불편하다'는 표현을 하기도 한다. '어디 불편하세요?'라는 질문도 몸이 무언가 익숙하지 않은 상태가 되어 있는지를 물어보는 질문이다. 의사 선생님들도 어디가 아프냐는 질문보다는 '어디가 불편해서 오셨냐?'는 질문을 선호하는 듯하다.

아픈 것과 편찮은 것은 느낌이 좀 다르다. 아픔에는 직접적인 고통이 느껴지지만 편찮은 것은 그것보다는 범위가 훨씬 넓어 보인다. 아프지는 않지만 불편한 상황이 얼마든지 있을 수 있기 때문이다. 좀 더 긍정적으로 해석하자면 편찮음에는 예방의 차원도 엿보인다. 아직 아프지는 않지만, 왠지 몸이 안 좋은 느낌이 들 때도 편하지는 않은 상태이기 때문이다.

어르신들의 안부를 여쭐 때는 단순히 지금 아픈지를 묻는 차원을 넘어서 혹시라도 불편한 곳이 있는지도 미리 살펴야 한다. 몸이 으슬으슬하다든지, 찌뿌둥하다든지 하는 것도 아프지는 않을 수 있지만 다 편찮은 것이다. 잔기침을 시작한다든지 앉았다 일어나는 것이 불편할 수도 있다. 아픈 것과 달리 편찮음에는 관심도 필요하다. 주변 사람들이 관심을 갖고 살펴야 편치 않음을 눈치 챌 수 있다. 어르신들이 편치 않은 가장 큰 문제도 역시 '마음'에 대한 것이다. 우리는 '마음이 불편하다'고 표현하는데 이는 단순히 물질적으로 충족될 수 있는 것이 아니다. 마음은 사소한 일에도 금방 불편해지고, 금방 좋아진다.

특히 나이를 먹으면 금방 서운해 한다고 하는데, 이는 주변 사람들이 잘 새겨들어야 할 말이다. 나이가 들수록 감성적이 되어 가기 때문에 누가 내 감정을 살짝만 건드려도 감정이 상하고 서운해진다. '내가 어떻게 키운 자식인데'라는 말이 튀어나오게 되고, '나이 들었다고 무시하나?' 하는 생각이 들게 된다. 그러지 말아야지 하면서도 서운해지는 것이 인지상정(人之常情)인 듯하다. 어른들의 마음을 편하게 해 드리는 것을 늘 고민해야 한다.

아픈 것은 치료가 필요하지만 편치 않은 것은 관심이 필요하다. 그래서 우리 선조들은 잠자리에 들기 전에 부모님 방의 바닥 온도를 살폈고, 자리끼를 갖다드렸다. 그러고는 편히 주무시라는 인사를 드렸다. 물론 아침에는 편히 주무셨냐는 인사를 드렸다. 부모님의 편한 상태에 대해서 늘 관심을 기울였던 것이다. 요즘 우리는 어른들께 너무 관심이 적은 것은 아닌지 반성이 된다. 어른들을 편히 모시는 것이 효도다.

덕담(德談)

외롭기 않기를 바라는 말

　　우리는 새해가 신정과 설로 나뉘어서 두 번 정도 덕담을 하게 된다. 덕담은 '덕을 가득 담아 하는 이야기'로 여러 번 들어 나쁠 것은 없다. 자주 들어도 기분 좋은 이야기인 것이다. 그런데 덕담은 덕이 담긴 이야기지만 듣는 사람도 좋아해야 하는 이야기라는 점을 잊는 경향이 있는 듯하다. 올해는 좋은 사람 만나서 결혼을 하라든지, 좋은 대학에 가라든지, 공부를 잘 하라든지 하는 덕담은 듣는 사람에게는 부담으로 다가온다. 즉, 덕담이 아닐 수도 있는 것이다. 여러분은 어떤 덕담을 주로 하는가? 연하장이나 새해 메일, 문자에는 어떤 내용을 담는가?

　　나는 새해 편지나 문자 등을 보낼 때 고민이 많다.

덕이 담긴 이야기는 단순히 받는 사람에게만 좋은 것이 아니라 우리 세상에도 좋아야 한다는 생각을 하기 때문이다. 그래서 한동안 나는 새해 복을 많이 받으라는 말에 덧붙여, 새해 복을 많이 짓고, 많이 나눠주는 사람이 되라고 덕담을 덧붙였다. 행복하라는 말에 덧붙여 주변 사람들을 행복하게 하라는 말도 하였다. 그가 슬프지 말기를 바라지만 다른 이를 슬프게 하지 말기도 바랐다. 이렇게 덕담은 상대방에 대한 이야기뿐 아니라 세상에 대한 이야기도 담고 있어야 한다고 생각했다.

올해 덕담에서 가장 고민이 되는 말은 '건강하라'는 말이었다. 내게 오는 많은 새해 인사에 거의 빠짐없이 건강에 대한 축원이 담겨 있었다. '뭐니 뭐니 해도 건강이 최고'라는 말도 자주 보였다. '돈이나 명예보다도 건강이 중요하다'는 말도 우리가 잘 아는 경구이다. 사실 생각해 보면 '모든 것을 다 얻어도 건강을 잃는다면 무슨 소용이 있겠냐'는 말만큼 다가오는 표현이 없을 것이다. 물론 나도 건강이 중요한 것을 모르지 않는다. 하지만 우리는 서로의 건강을 빌지만 늘 건강할 수 없음 또한 엄연한 현실이기 때문에 또 다른 덕담이 필요하지 않을까 하는 생각이 들었다.

종교를 믿는 사람들은 '건강'을 신이 주신 축복처럼 이야기한다. 하지만 '건강하지 않은 사람'을 만나면 어떻게 이야기해야 할지를 모른다. 너나할 것 없이 '건강'을 빌지만 건강이 뜻대로 되지 않음도 잘 알기 때문이다. 병을 고치는 것을 종교의 기적처럼 이야기하는 것도 위험한 생각이다. 병으로 고통받고, 병으로 죽어가는 수많은 사람이 있기 때문이다. 그들은 벌을 받은 것인가? 그들은 축복의 대상에서 제외된 것인가? 한때 장애를 신의 저주처럼 말하는 종교도 있었다. 참으로 어리석은 생각이 아닐 수 없다. 그런 생각을 하는 사람이 오히려 가엾다. 이런 마음의 병듦이 큰일이다.

올해 나의 덕담은 부디 아프지 않았으면 좋겠다는 말로 시작한다. 그리고 아플 수밖에 없다면 슬프지 않았으면 한다는 말을 더했다. 아픈 사람은 많다. 가벼운 감기부터 심각한 병까지 위험의 정도도 다양하고, 고통의 정도도 다양하다. 심리적인 병은 그 고통이 더욱 심하다. 사람들이 스스로 세상을 버리는 것은 심리적인 고통의 깊이를 짐작하게 한다. 허나 어떤 사람은 병에 걸린 것을 슬퍼하지 않는다. 이겨내려고 노력하고, 이길 수 없다면 병을 인정하고 병과 함께 열심히 살려고 노력한다. 나는 우리 모두 아프지만 슬프지 않았으면 한다. 아파도 얼마든지 행복할 수 있다. 나의 덕담은 슬프지만 외롭지 않았으면 한다는 말로 이어진다. 우리는 아파도 슬프지 않으려 노력하지만 인간의 나약함은 때로 슬픔에 빠지게 만든다. 슬플 때 가장 힘이 되는 것은 주변 사람들의 따뜻한 시선이다. 따뜻한 말 건넴이다. 슬픈 이의 어깨를 토닥여 주고, 가만히 안아 줄 사람이 있다는 것은 행복한 일이다.

　우리는 사람이다. 아플 수밖에 없고, 슬플 수밖에 없는 사람이다. 그렇지만 우리는 또한 사람이다. 서로 기대어 살고, 서로 위로가 되고, 서로 어깨를 토닥이며 함께 울어주기도 하는 사람이다. 새해 여러분 모두 아프지 말기를, 아프되 슬프지 말기를, 슬퍼도 외롭지 않기를 진심으로 기원한다.

존경(尊敬)

서로를 하늘처럼 생각하는 마음

'존경(尊敬)하는'이라는 말로 시작하는 인사말을 들을 때마다 무척 불편함을 느끼게 된다. 존경의 마음은 전혀 없는 듯한데 말끝마다 '존경'을 달고 있으니 거짓이 느껴지는 것이다. 정치인들이 국민을 향해 존경한다고 말하는 것을 보면서 국민들은 '가식'을 느끼고, '표'를 얻기 위한 행위로 치부해 버린다. '존경'이라는 말의 가치가 땅에 떨어져 있는 것이다. 이런 것을 말의 가치 하락이라고 할 수 있고, 말의 타락이라고 하기도 한다.

'경(敬)'이라는 말은 동양 철학에서 매우 중요한 용어라고 한다. 용어라고 하면 굉장히 전문적인 분야에서 쓰이는 말처럼 보일 것이다. 그러나 우리가 자주 쓰는 단어이기도 하니 '삶 속의 철학 용어'라고 하는 게 좀 더 정확할 듯하다. 사실 철학이나 종교나 모두 삶 속에 있는 것이니 이런 설명조차 사족(蛇足)이리라. 헌데 철학 책을 읽어보면 이런 용어에 대한 설명이 대단히 복잡하여 철학을 우리에게서 멀어지게 하는구나 하는 느낌도 갖는다. 학문은 설명이 쉬워야 한다. 설명이 어려우면 잘 모르는 것이라는 말은 일리가 있다.

전에 어떤 선생님과 철학과 종교에 관한 이야기를 나누다가 '경(敬)'은 하늘에 대한 마음이라는 이야기를 듣고 잠시 생각에 잠긴 적이 있다. '경천애인(敬天愛人)'이라는 표현에서도 '경'은 하늘에 대한 공경임을 알 수 있다. '애(愛)'는 사람에 대한 마음이고, '경'은 하늘에 대한 마음인 것이다. 또한 '경'은 하늘에 대한 마음인 동시에 하늘처럼 여기는 것이기도 하다. 따라서 '경'이라는 표현을 쓸 때면 '하늘'을 동시에 떠올려야 한다. 그런데 우리는 이 '경'이라는 표현을 사람에게 쓰고 있다.

그런 의미에서 '존경'이라는 단어는 참으로 무겁게 다가온다. 당신을 존경한다는 말은 당신을 하늘처럼 여긴다는 의미가 된다. '존경하는 국민 여러분'이라는 말도 그런 뜻을 담고 있다. 하긴 '민심(民心)이 천심(天心)'이라는 표현도 있듯이 국민을 하늘처럼 여기는 것은 어쩌면 당연한 일이리라. 정치를 잘 하는 방법은 국민만 존경해도 되겠구나 하는 단순한 진리를 다시 깨닫게 된다. 함부로 존경을 말하지 말라. 하늘처럼 생각하지 않는다면 말이다.

텔레비전을 보다 보면 아내가 남편을 존경한다고 하는 장면을 만나게 된다. 어떤 경우에는 아이들이 부모를 존경한다고 말하기도 한다. 이런 모습을 볼 때마다 어색한 감정이 들었다. '아마 남편을 잘 몰라서 저러는 것일 거다. 아마 부모를 잘 몰라서 그럴 거다.'하는 생각이 들었다. 존경이 그렇게 쉬운 게 아니라는 마음이었던 것이다.

그러던 어느 날 아내와 아이들을 보면서 존경이라는 단어가 떠올랐다. 나보다 훨씬 나은 모습으로 자라고 있는 아이들과 나보다 훨씬 나은 모습으로 가정을 꾸리고 있는 아내의 모습을 보면서 존경이라는 단어가 진심으로 다가왔다. 아이들과 아내의 모습에서 하늘을 본 것이다. 저마다 귀한 존재라는 것, 저마다의 아름다움이 있다는 것에 새삼 놀랐다.

그리고 나서 둘러본 세상에는 온통 존경의 대상들이

었다. 가족뿐 아니라, 주변의 친구들과 제자들, 아이의 선생님들도 모두 존경스러웠다. 주변 가게에서 일하는 사람들의 모습에도 하늘이 보였다. 내가 갖고 있지 않은 많은 하늘의 모습을 보면서 나 역시 귀해져야 하겠다는 생각을 하게 되었다. 서로를 하늘처럼 생각하라는 말에는 서로의 좋은 점을 보면서 닮아가라는 생각이 담겨 있는 것이다. 누구에게나 하늘의 모습이 있다. 존경의 마음은 그것을 확인하는 것이다. 우리는 그것을 잊고 산다.

넋 건짐 굿

위로와 치유의 울음

종교의 목적은 무엇일까? 아니 종교의 존재 이유는 무엇일까? 종교학자들은 다양한 답을 주려하겠지만 나는 종교는 '위로'라는 생각을 하고 있다. 때로는 두려움에 대한 예방주사와 같은 것이다. 위로라는 말은 달리 말하면 살아갈 힘을 갖게 되었다는 뜻도 된다. 우리는 너무 아프고, 슬프면 살아갈 힘을 잃게 된다. 살아도 즐겁지 않은 삶을 굳이 살 필요를 못 느끼는 것이다. 안타까운 일이다.

인간은 '걱정'이라는 것을 한다. 좋게 보면 '준비'라고 하겠지만 나쁘게 보면 '괜한 짓'이다. 앞으로 닥칠 일에 대해 두려워하는 마음이 걱정인 것이다. 돌이켜보면 걱정했던 일이 결국 일어나지 않은 경우도 많다. 또한 일어났다고 하더라도 슬쩍 지나갔거나 잘 이겨낸 적도 많다. 그야말로 괜한 걱정인 것이다. 아플까봐 걱정하고, 죽을까봐 걱정하고, 죽어서 지옥에 갈까봐 걱정한다. 종교는 이러한 두려움을 이겨낼 수 있는 힘을 주는 경우가 많다. 위험할수록, 아플수록 종교를 찾게 되는 것도 바로 이러한 이유 때문이리라.

미신처럼 이야기하는 경우가 있지만, 나는 우리 고유 신앙 중의 하나인 '굿'에는 위로의 힘이 강하게 존재하고 있다고 본다. '굿'은 퍼포먼스가 강한 행위예술이기도 하다. 굿의 근본적인 목적은 공감이다. 그리고 결과적으로는 공감에 의한 위로와 치유를 만들어 낸다. 아무리 현대적인 종교가 많이 들어와 있어도 여전히 굿이 살아남아 있는 것은 '공감의 힘'이라고 본다. 무당들이 굿을 할 때 정말로 서럽게 우는 모습들을 자주 볼 수 있다. 어떤 경우에는 굿을 요청한 사람보다 무당이 더 슬프게 울고 있다.

굿을 할 때는 일반적으로 억울하게 죽은 혼이 무당에게 들어오는 것으로 되어 있다. 나는 솔직히 혼이 들어왔다고는 생각하지 않는다. 아마도 혼이 들어왔다고 무당이 본인에게 주입하는 것이리라. 이것을 연기의 차원이라고 보면 완전한 빙의라고 보아도 될 것이다. 그렇게 무당은 억울한 혼이 되어 그 가족을 만나게 된다. 목소리도, 행동도 죽은 혼을 닮아있다. 한 번만이라도 다시 만나고 싶다는 가족의 소원을 이루게 되는 것이다. 그야말로 한을 풀어주는 것이다.

나는 무당의 '넋 건집 굿'을 보면서 종교의 존재 이유를 깊이 깨닫게 되었다. '넋 건집 굿'은 물에 빠져 죽은 억울한 이의 넋을 건지는 이야기를 담고 있다. 배가 가라앉은 곳에 가서 흰 천을 던지고 넋을 건지는 행위를 한다. 그러면 건져진 넋이 무당에게 들어가 가족과 이야기를 나누는 것이다. 넋은 추운 바다 속에서 너무 무서웠는데 건져주어 고맙다는 말을 울면서 한다. 가족들도 미안하다며 같이 통곡을 한다. 서로 부둥켜안고 운다. 눈물이 끊이지 않는다. 무당은 건져진 넋의 목소리로 이제 나는 저 세상으로 갈 테니 남아 있는 가족은 건강하고 행복하게 살아달라고 부탁을 한다. 그게 자신을 위하는 일이라고, 더 이상 걱정하면 안 된다고, 나중에 더 행복한 모습으로 만나자고 이야기를 한다. 그러면 가족들도 알겠다며 약속을 한다. 앞으로 더 잘 살겠다고, 다른 사람을 도우며 살겠다고, 좋은 일하며 살다가 나중에 만나러 가겠노라고 이야기를 한다.

이렇게라도 해야 살아갈 기운을 얻게 되는 것이다.

사실 여부를 떠나 이렇게라도 안 하면 살 수가 없는 것이다. 위로와 치유가 이루어지는 모습이다. 나는 선생님도, 의사도, 종교인도 이러한 모습에서 배울 점이 많다고 생각한다. 내가 학생보다, 환자보다, 믿는 이보다 더 아파야 한다. 함께 울어야 한다. 그래야 조금이라도 위로가 된다. 이런 글을 쓰는 것조차 죄송스러운 요즘이다. 정말 마음이 아프다. 눈물이 난다. 아이들이 편안한 곳으로 갔기를 바라며, 남은 사람들도 아이들의 소원을 들었기 바란다.

고해(苦海)

아름다운 소풍

인생은 고해(苦海)라고 한다. 고통의 바다라는 말이다. 굉장히 힘들게 살았음을 보여주는 표현이다. 살면서 괴로운 일이 얼마나 많았기에 '바다'에 비유했을까? 우리의 인생은 그렇게 고통스러운가? 하루하루가 절망적인가? 다시는 살고 싶지 않은 삶인가?

사람들은 죽음을 두려워한다. 나도 죽음이 두렵다. 죽음이 두려운 이유에는 여러 가지가 있을 것이다. 아픔이나 고통이 이유가 될 수도 있을 것이고, 사랑하는 이들과의 헤어짐이 이유가 되기도 할 것이다. 나에게는 아무래도 두 번째 이유인 이별이 두려움의 원인일 듯싶다. 험한 말이기는 하나 덜 고통스럽게 죽으려면 다양한 방법도 있을 것이다. 하지만 헤어짐은 참 어렵다. 죽음이라는 단어만 떠올려도 눈물이 나는 것은 다 그런 그리움 때문이다.

불교에서는 깨달음을 얻어 해탈을 하고, 윤회의 사슬을 끊기를 바란다. 더 이상 윤회가 되풀이 되지 않는 삶, 더 이상 죽음을 반복하지 않는 삶을 꿈꾸는 것이다. 이러한 생각의 기저에는 현세가 고통과 아픔과 탐욕이 있는 괴로운 곳이라는 의식이 담겨 있다. 죽어서 천국에 가기를 바라는 많은 종교도 근본적으로는 이 세상의 고통이 없는 삶을 원하는 것이 아닐까. 만약 종교에 대한 나의 이해가 짧아서 비롯된 실수가 있다면 바로잡아 주시라.

천상병 시인은 인생을 소풍에 비유했다. 소풍의 의미는 무얼까? 슬픈 느낌인가? 인생이라는 소풍은 허무하게 끝나버리는 소풍이 아니라 사랑하는 사람들과 맛난 음식 나눠 먹으며 다양한 즐거움이 있는 학창시절의 소풍, 가족과 함께한 나들이 같다는 생각이 든다. 천상병 시인도 '아름다운 이 세상 소풍'이라고 표현했다. 이런 소풍 같은 삶이라면 굳이 윤회를 끊을 필요가 있을까? 굳이 천국에 머무를 필요가 있을까? 할 수만 있다면 이 세상에 더 오래 머물고, 할 수만 있다면 계속 사람으로 다시 태어나서 즐거운 소풍을 보냈으면 한다. 사람이 살아가는데 왜 고통이 없겠는가? 고통이 없다면 삶의 기쁨도 모를 수 있다.

'다시 태어난다면'이란 주제를 주면 사람마다 다양한 희망을 말한다. 어떤 사람은 부잣집에 태어나기를 바라고, 어떤 사람은 다시 태어나도 지금의 배우자와 결혼하기를 희망한다. 나는 다시 태어나면 누구로 태어날까 생각해 보다가 한 생각이 떠올랐다. 다시 태어날 수 있다면, 꼭 부모님의 부모로 태어나고 싶다. 갚아도 다 못 갚을 부모님의 사랑을 다 돌려 드리고 싶다. 나로 인해 맛보았던 기쁨과 고통을 나도 느끼고 싶다. 얼마나 나를 낳고 기뻐셨는지, 내가 아플 때 얼마나 아프셨는지, 내 말 한마디에 얼마나 서운하셨는지 가슴으로 느껴보고 싶다.

부모님께 저 때문에 고생 많으셨죠? 속 많이 상하셨죠? 힘들 때도 많으셨죠? 하고 여쭈면 부모님은 늘 그러신다. 그런 것 없었다고. 네 엄마여서 좋았다고. 부모님은 자식에 대해 안 좋았던 기억은 금세 잊으신다. 기뻤던 기억은 한없이 기억하시고 자랑하신다. 자식에게 모질게 대했던 기억은 마음속에 '한'으로 담아두신다.

인생은 고해가 아니다. 내가 사랑하는 사람들과 즐겁게 지내는 오늘이 어찌 고통이 될까? 내가 사랑하는 사람이 없는 천국이라면 나는 안 가고 싶다. 남아있는 시간이라도 사랑하는 이들과 재미나게 살면서 삶이 기쁨임을 느끼고 싶다. 느끼게 해 주고 싶다.

|제4부|

모두, 한국어로 만나다

선진국(先進國) | 중학교(中學校) | 머리 | 1등 | 빨리 빨리 | 욕(辱) | 느낌 아니까 | 다이얼 | 헐버트와 안중근 | 띵! 핑! 찡! | 'ㅎ'과 'ㅋ' | 성(姓) | 숫자 | 사투리 | 책(册) | 애국가(愛國歌)

선진국(先進國)

아름다워야 하는 나라

'선진(先進)'이라는 단어는 종종 '선진(善進)'이라는 한자로 잘못 쓰인다. 앞서 나가는 나라가 선진국임에는 틀림이 없겠지만, 좋은 모습으로 나아가야 함도 보여 주는 좋은 실수라고 할 수 있을 것이다. 선진국이라고 하는 나라가 그저 돈이나 많은 곳이라고 한다면 나는 별로 그런 곳에 살고 싶지는 않다. 돈이 행복의 기준이 아님을 잘 알고 있기 때문이다. 선진국은 사람이 사람답게 사는 곳이다. 물론 그러기 위해서 돈도 필요하겠지만 말이다. 1인당 국민 소득이 몇 만 불이 넘어야 한다는 게 기준이라면 선진국은 참 재미없는 곳이다.

선진국은 우선 사람이 귀한 곳이어야 한다는 생각이다. 사람이 귀한 곳은 어떤 곳일까? 나는 학생들에게 사람이 하는 일의 대가는 비싸고, 공산품이 싼 곳이 좋은 곳이라고 말한다. 선진국에서는 사람을 불러 일을 시키면 참 비싸다. 물건을 배달해 주는 것도, 자전거를 조립해 주는 것도, 자동차에 기름을 넣어 주는 것도 다 돈이다. 무료가 적다. 사람이 하는 일에 무료가 많은 것은 선진국이 아니다. 물론 대신 지급해 주는 사람이 있는 경우에는 이야기가 달라지겠지만. 나는 그런 점에서 '셀프서비스' 제도를 반대한다. 셀프서비스만 없애도 일자리가 훨씬 많이 생길 것이다. 셀프서비스가 있기 때문에 물건 값이, 음식 값이 내려갔다고 이야기할지도 모르지만 그만큼 일자리가 줄어든 것도 사실이다. 실업률이 높은 곳이 선진국일 수 없다. 사람이 일을 할 수 있게 하고, 그 일 값을 귀히 여기는 사회가 되어야 한다.

빈부의 격차가 심하다고 이야기하면서 이 나라는 선진국이라고 하면 안 된다. 어떤 나라는 법적으로 한 기업의 임금 차이가 네 배를 넘지 못하게 되어 있다고 한다. 제일 많이 받는 사람이 돈을 더 많이 받으려면 적게 받는 사람의 월급을 올려주는 수밖에 없다. 나는 사람의 능력이 아무리 차이가 난다고 하여도 네 배 이상은 아닐 것이라고 생각한다. 어떤 기업의 CEO는 어마어마한 연봉을 받는다. 그러고는 자신의 능력에 맞는 돈이라고 자랑스러워한다. 나는 자랑스러운 일이 아니라 부끄러운 일이라고 생각한다. 다른 이의 임금을 갉아서 자신의 배를 부르게 한 것이기 때문이다. 빈부의 격차가 있더라도 그 격차가 분노가 되지 않는 곳이어야 한다. 부자를 보면 화가 나는 사회는 아름다운 사회가 아니다.

도시와 농촌의 차이도 적은 곳이어야 한다. 농촌에 산다고 가난하고, 불편하다면 선진국이 아니다. 선진국이라는 곳에 가 보면 대부분 농촌이 여유롭다. 특별한 불편함도 없다. 조금 심심할지는 모르나 반대로 생각하면 한가로움으로 느껴지기도 한다. 의료도, 문화도 농촌이어서 소외되는 일은 없어야 할 것이다. 자연을 소중히 생각하고, 동물과 식물을 사랑하는 곳이 선진국이다. 살아있는 것, 우리를 둘러싼 모든 것에 감사하는 마음을 갖는 나라가 선진국이라는 생각이 든다.

돈 버는 학문만이 아니라 삶의 등불이 되어 주는 인문학을 귀히 여기는 나라가 선진국이다. 동네에서 도서관이 가장 아름답고, 박물관에 사람이 모이고, 역사의 숭고함을 아는 나라가 선진국이다. 그런 나라일수록 아이들이 행복한 웃음을 짓는다. 남과의 경쟁이 모든 것이 아님을 알기 때문이다. 음악과 미술이 스펙이 아니고 생활이 되는 곳이 행복한 나라다. 풍요롭지만 천하지 않고, 사람과 자연을 귀하게 생각하는 나라가 선진국이다.

새벽부터 밤늦게까지 학교에서 학원으로 돌아치는 아이들이 있는 나라, 고등학교에 음악, 미술이 한 학기씩만 있는 나라, 등 굽은 노인들이 길거리에서 폐지를 줍는 나라, 꿈 없는 젊은이들이 일 없이 빈둥거리는 나라, 학벌이 인생의 전부인 나라. 선진국은 아름다워야 한다. 우리나라가 선진국이 되기 바란다.

중학교(中學校)

평등하고 행복해야 할 곳

우리나라 학교 제도를 보면 이름이 눈에 뜨인다. 예전에는 국민 학교라고 했던 곳이 이제는 초등학교로 이름이 바뀌어 있다. 순간순간 국민 학교라고 말하는 사람은 늙었다는 증거가 되기도 한다. 중학교, 대학교에 맞추어 '소학교'라고 하자는 의견도 있었지만 일본 냄새가 나서인지 채택되지 않았다. 어린이 학교라고 하자는 의견도 있었는데, 역시 채택되지 않았다. 한글 이름에 대한 거부감 때문이 아니었을까 추측해 본다. '중등과 고등'이라는 체계를 생각해서인지 결국 초등학교로 결정되었다. 우리나라 교육체계 상으로 보면 중학교는 중간은 아니지만 이름으로 보면 중간에 해당하는 곳이다. 그런데 요즘 뉴스를 보면 많은 문제들이 중학교에서 일어나고 있다. 애매한 시기여서 그러는 것이 아닐까 한다.

우리나라 교육제도는 근본이 불평등이다. 유치원부터 초등학교, 고등학교, 대학교까지 평등하지 않다. 일단 수업료부터 많은 차이가 있다. 초등학교도 의무교육이기는 하지만 사립초등학교는 아무나 가는 곳이 아니다. 추첨을 해야 하고, 그에 따른 희비가 엇갈린다. 유치원은 더 심각하다고 한다. 고등학교도 평준화가 문제인 것처럼 이야기하지만 평준화가 깨진 지 오래다. 외고, 과고, 특성화고 등을 가는 아이들이 있고, 자사고, 자공고를 가는 경우가 있다. 많은 경우에 학력뿐 아니라 경제적인 차이가 뚜렷하게 나타나는 교육제도이다.

그런데 이미 눈치 채신 분들도 있겠지만 중학교는 여기서 빠진다. 불평등한 장소가 아니라는 의미이다. 경제적으로 우수하다고 비싼 학교를 갈 수도 없고, 성적이 우수하다고 다른 학교를 배정받을 수도 없다. 몇 년 전까지는 완전히 그랬고, 이제는 몇 국제중을 제외하고는 그렇다. 하지만 그럼에도 불구하고 국제중을 들어가기 위해서 여러 비리가 일어난 것은 중학교마저도 평등하게 다니고 싶지 않은 열망이 포함되어 있는 것이다. 나는 재벌가의 아이라고 하더라도 중학교는 평등한 학교에 다니는 게 본인들에게도 도움이 되지 않을까 한다. 몇몇 선생님의 말씀에 따르면 재벌집 아이들도 중학교 시절의 경험을 매우 소중하게 생각한다고 한다. 평등해 볼 기회도 없이 살아가는 게 행복한 것인가 생각해 보아야 할 것이다. 가난한 아이, 부자 아이도 친구가 될 수 있고, 성적과 상관없이 다양한 친구들을 만날 수 있는 중학교는 모두에게 소중한 것이다.

입시제도나 고교의 유형에 대한 말들이 많지만 사실 많은 부분은 중학교와 관계가 되어 있다. 대학입시나 고교 입학을 조금만 손대면 중학교는 난리가 난다. 특목고의 성적에 중학교 1학년 성적을 반영하면서 중1부터 학원 광풍이 불었다고 한다. 아이가 과학고나 외고를 가든 못 가든 간에 1학년 성적이 신경이 쓰일 수밖에 없는 것이다. 누가 만든 제도인지 궁금하다. 제도를 만든 이는 문제에 대한 책임도 져야 한다. 자사고에 성적 50% 이내의 학생을 선발하고 나서 중학교는 입시의 장으로 변화했다. 예전에는 특목고를 갈 학생들만 입시에 신경이 쓰였다면 이제 최소한 절반 이상은 입시생이 되어 버린 것이다. 게다가 이번에 교육부가 이야기한 대로 자사고 입학 제도가 바뀌면 대부분의 학생들이 입시생화 되어 버릴 것이다. 벌써 강남 학원이 난리란다. 나은 대책을 마련하겠다고 이야기하지만 모든 이가 개악을 걱정한다.

중학교에 자유학기제를 도입하겠다는 등 말이 많지만 머리만 쓰지 말고 우선 학생들이나 교사의 의견에 먼저 귀를 기울였으면 한다. 이왕에 있는 제도라도 더 나쁘게 바꾸지 않기를 바란다. 학생들이나 교사들에게 물어보면 대부분의 제도는 점점 나빠지고 있다고 이야기한다. 학부모의 입장에서 봐도 그렇다. 교사를 평가하라는 연락이 와서 들어가 보면 아는 교사가 없어서 형식적인 평가가 되거나 아이의 말에 의존한 평가가 된다. 그런 평가의 문제점을 많은 사람이 지적하고 있지만 개선의 여지는 별로 안 보인다. 교사, 학생, 학부모를 괴롭히지 마라.

요즘엔 중학생이 제일 무섭다고 한다. 중2 병이라는 말도 있다. 왜 이런 말이 나왔을까? 중학교를 불행한 곳으로 만들어 놓고 중학생을 문제라고 이야기하는 것은 옳지 않다. 나는 중학교에 다니는 아이가 있어서 중학교 선생님들을 뵐 기회도 있고, 선생님들에 관한 이야기를 들을 일도 많다. 훌륭하고 의욕이 많으신 선생님들이 참 많다는 생각이 들었다. 학생들을 사랑하는 선생님이 학생을 더 사랑할 수 있는 환경을 만들어 주어야 한다. 방과 후 학교에는 학과와 관련 없는 예체능을 할 수 있게 해 주었으면 한다. 동아리도 학과와는 상관없는 활동이 이루어져야 한다.

내 아이가 다니고 있는 중학교의 기악반은 여러 측면에서 생각할 점을 준다. 거의 1년 내내 아이들은 빠지지 않고 기악반 활동을 한다. 주말에도 거의 빠지는 법이 없다. 방학 때나 틈이 나는 대로 봉사활동도 열심이다. 점수를 채우려 하는 봉사활동이 아니다. 좋은 학교에 진학하기 위한 봉사도 아니다. 음악에 소질이 없던 아이들도 성실하게 연습을 하여 수준급의 실력을 갖게 된다. 시험 때면 아이들은 기악반에 모여서 같이 공부도 한다. 선후배나 동료들 간의 우정과 예의도 자연스럽게 익힌다.

중학교가 행복한 곳이기 바란다. 중학교만이라도 평등한 곳이기 바란다. 교육을 한다는 사람들은 중학생의 목소리와 선생님의 바람에 귀 기울였으면 좋겠다.

머리

영혼을 담고 있는 곳

　　　　구한말에 단발령이 내려졌을 때, 최익현 선생이 '오두 가단 차발불가단(吾頭可斷 此髮不可斷)'이라는 말을 했다. '내 목은 칠 수 있을지언정 내 머리카락은 자를 수 없다'는 의미이다. 머리카락이 뭐라고 죽어도 못 자르겠다는 것인지 나는 도무지 이해가 되지 않았다.

　　　　태국 등 동남아 국가 중에는 머리를 만지는 것이 금기인 곳이 많다. 머리를 만지면 영혼이 나간다고 생각하기 때문이다. 아마도 실제로 영혼이 나가기 때문이 아니라 머리가 가장 소중하고, 위험한 부위여서 보호하려고 그러한 금기가 생겼을 것이다. 우리나라도 누군가의 머리를 만지는 행위는 매우 기분 나쁜 행위이다. 어린아이들을 칭찬하는 경우를 제외하고는 함부로 남의 머리를 만질 수는 없을 것이다.

청소년기의 학생들은 머리를 만지면 민감하게 반응한다. 다른 꾸지람에는 고분고분하게 듣던 아이들도 머리를 만지면 화를 낸다. 생각해 보면 교복 등으로 획일화되어 있는 아이들에게 거의 유일한 탈출구는 머리카락인 셈이다. 새벽부터 밤늦게까지 언론의 표현대로 '입시지옥'을 살고 있는 아이들에게 그나마 머리 모양은 해방의 상징이 되는 셈이다.

어른들, 기성세대 중에는 아이들의 머리모양을 걱정하는 사람들이 많다. 나는 1980년대 초에 고등학교를 다녔다. 당시는 과외 및 학원 금지, 교복자율화, 두발자율화가 급작스레 실시되었던 시절이었다. 덕분에 나는 일제 강점기의 검은 교복도 입어 보았고, 사복도 입어 보았다. 또한 동자승 같은 완전 빡빡머리에서 파마머리까지 경험해 본 세대이다. 약간의 혼란과 문제가 없었던 것은 아니다. 하지만 그렇게까지 심각한 문제는 아니었던 것으로 기억한다. 그 때 머리를 길렀던 친구들이 지금까지 나쁜 사람으로 자라난 것도 아니었다. 그 때의 머리 모습이 지금의 모습을 규정짓지는 않는다.

아이들은 교복을 답답해한다. 사실 나는 교복도 꼭

필요한 것으로 보지는 않는다. 그렇지만 학교마다 전통이 있어야 한다는 점에서 교복도 장점이 될 수 있다는 의견에 동의하기도 한다. 그러나 두발에 대해서는 학생들에게 좀 더 자율을 주기 바란다. 두발이 자율화되면 학생들이 딴 생각을 할 거라 걱정하지만 '0교시'에, '야간 자습'에, '입시'에 시달리는 아이들에게 일정한 머리를 강요하는 것은 반항심을 키울 뿐이다. 사실 아이들의 딴 생각보다 걱정되는 것은 아이들의 분노와 반항심이다. 인터넷에 '오두가단'을 쳐 보라. 수많은 아이들의 분노와 반항을 만나게 될 것이다.

여름방학이 끝나고 나면 몇몇 중고등학교들이 교육청과 교육부의 혼란 속에서 두발을 강제하려고 하는 움직임들을 보이고 있다. 제발 아이들의 입에서 '학교를 그만 둘지언정 머리카락은 안 자르겠다'는 말이 나오지 않았으면 한다. 학생들의 머리와 관련된 기본적인 인권은 보장해 주었으면 한다. 그렇지 않으면 아이들은 영혼이 없는 채로 자라게 될지도 모른다. 기계처럼 공부하고, 기계처럼 사고하는 아이들이 될 수도 있다. 학생들의 머리를 강제로 자르지 마라.

1등

어떤 때는 꼴찌가 더 좋은 것

얼마 전 텔레비전을 보다가 우리나라가 세계에서 1등을 하고 있는 것에 대한 소개를 보고 시선이 멈췄다. 다양한 경제, 기술적인 부분도 있겠지만 그 날의 소개는 주로 사회적인 것에 초점이 있었다. 원래부터 알고 있는 것도 있었지만, 참담한 내용들이 많았다. 어떻게 해야 하나 한숨부터 나오는 '1등'이 줄줄이 소개되고 있었다. 물론 세계 1위라고 소개된 것들 중에는 OECD 국가 중 1위인 것도 있어서 저개발 국가와 경쟁이 안 되는 것도 있었음은 참고로 해야 할 것 같다.

가장 아픈 1등을 보자면 '이혼율'과 '자살률'이다. 삶의 근간은 가정이다. 피치 못할 사정으로 이혼을 선택할 수밖에 없었던 가정도 있을 것이다. 허나 이혼율이 1등이라는 이야기는 사회분위기가 그렇다는 것이다. 쉽게 결혼하고, 쉽게 이혼한다. 가정이 왜 중요한지에 대해서는 관심이 옅어졌다. 아이들에게 부모가 얼마나 중요한 것인지에 대해서 더 고민이 있어야 할 것이다. 이혼율보다 심각한 것은 자살률이다. 목숨을 끊는 게 쉬워진 것이다. 인터넷에 자살 관련 사이트들이 있어서 자살의 방법을 논의하고 함께 모여서 자살을 시도한다. 참으로 끔찍한 일이 아닐 수 없다. 문명의 이기가 이렇게 엉뚱하게 발전을 거듭하고 있는 것이다. 연예인들의 자살이 또 다른 자살을 부르고 있다. 자살이 많아진다는 것은 희망이 없는 사회가 되어가고 있다는 뜻이다. 살아야 할 이유가 없고, 살아서 더 나아질 것이라는 희망이 없는 것이다. 답답함을 금할 수 없다. 고령화 속도도 우리나라가 1등이라고 한다. 그런데 노인의 자살률이 급증한다고 하니 노인의 답답함과 허망함이 느껴진다. 고령화에 따른 사회적 대책이 단순히 경제적인 것뿐 아니라 감정의 문제에도 있어야 함을 기억해야 할 것이다.

예상했겠지만 '인터넷 속도'나 '와이파이 보급률', '모바일 뱅킹'도 세계 1위이다. 우리나라 사람들이 빠른 것을 좋아하고, 변화를 좋아한다는 긍정적인 측면도 있지만 빠른 것에도 문제점은 있다. 여전히 '노동시간'이 가장 긴 나라 중 하나이고, 여전히 '도로 교통사고 사망률'이 가장 높은 나라가 한국이다. 급하게 성장하려 하고, 빨리 해결하려는 마음들이 문제를 일으킨 것이다. 좀 더 쉬어 가면서 차분히 스스로를 돌아볼 시간이 많아지기 바란다. 최근 '힐링'이 유행하고, '한옥'에 살고 싶어 하고, '걷기' 열풍이 불고 있는 것은 다행스러운 일이다.

무엇보다도 문제가 되는 것은 '청소년 불행지수'가 세계 1위라는 것이다. 이것은 '대학 진학률'이 70%를 넘어서 1위인 것과도 관계가 있을 것이다. 누구나 대학을 가야 하는 구조에서 행복을 찾기가 어렵다. 적성에 맞지 않는 공부를 해야 하는 수많은 청소년은 스스로를 불행하다고 생각하는 경우가 많다. 그래서일까? '청소년 흡연율'도 한국이 1위이다. OECD 국가 중에서 담배 값도 제일 싸다고 하니 흡연율을 여러 측면에서 돕고 있는 듯하다. 초, 중등학생의 수학, 화학 성적이 세계 1위라는 결과가 그다지 기쁘지 않은 것은 불행지수가 1위라는 것이 밑바닥에 자리 잡고 있기 때문일 것이다. 우리의 미래가 불행하지 않게 도와야 한다.

위의 1위들을 보면서 우리나라가 이혼율과 자살률이 꼴찌면 좋겠다는 생각이 들었다. 청소년들의 행복지수가 1등이면 좋겠다는 생각이 들었다. 아니 단순히 우리나라뿐 아니라 어느 나라 할 것 없이 가정이 소중해지고, 사는 것이 기쁘고, 아이들이 행복해져야 한다는 생각이 들었다. 이제 부끄럽고 가슴 아픈 1등은 더 이상 하지 않기를 바란다. 그래서 세상이 살 맛 나는 곳이 되기 바란다.

빨리 빨리

바쁜 부유함보다는 여유 있는 부족함

외국인이 한국어를 배울 때 '빨리 빨리'부터 배운다는 말을 여러 번 들었을 것이다. 나는 왠지 '빨리 빨리'의 느낌이 부실하다는 느낌과 맞닿아 있어서 부끄러운 생각이 들기도 하였다. 경제가 빠르게 성장하면서 배고픔을 벗어나기 위해서 우리는 여유가 없었다. 굶는 자식의 얼굴이 먼저 떠올랐을 것이다. 불과 몇 십 년 전만 해도 주린 배를 움켜쥔 가족들이 있었다. 그래서 굶기를 밥 먹듯이 한다는 말도 있었고, 지금은 한참 설명을 해야 하는 '보릿고개'라는 말도 있었다. 그 때는 천천히 살 수 있는 시절이 아니었다.

국제전화를 걸 때 우리나라의 국가 번호가 '82'인 것은 잘 알고 있을 것이다. 예전에는 아주 특별한 정보였을지 모르나 요즘에는 명함이나 이메일에도 본인의 전화번호 앞에 '82'를 붙이고 있다. 최근에 한 학생의 리포트에서 '82'라는 숫자와 '빨리 빨리'를 연결하는 것을 보고 묘한 우연이라는 생각이 들었다. 누가 일부러 붙인 것은 아니겠으나 재미있는 이야깃거리가 된 것이다. 예전에 '삐삐'를 칠 때 '8282'가 '빨리 빨리 연락하라'는 의미였던 것도 재미있다. 그 때는 주로 숫자로 의미를 표현하였다.

우리는 자판기의 커피가 나오기 전에 커피를 꺼내려 하고, 비행기가 멈추기 전에 짐을 꺼내려 한다. 횡단보도의 신호가 바뀌기 전에 늘 한 발은 차도에 있다. 엘리베이터의 닫힘 버튼은 글자가 희미한 경우도 많다. 식당에서 음식이 좀 늦게 나오면 난리가 나기도 하고, 자신은 밥은 초스피드로 먹으면서 다른 사람에게는 천천히 먹으라고 압력 아닌 압력을 가한다. '요즘 많이 바쁘시죠?'가 일 년 내내 인사말이 되어 버렸다. 전화를 걸고는 '지금 전화 괜찮으세요?'라고 묻는 게 버릇이 되었다. 참 안 좋은 인사말이다.

우리는 늘 바쁘게 살아왔다. 뒤돌아보지 않고 앞만 보고 달려왔다. 그러다보니 가정의 온기도 많이 사라지게 되었다. 아버지는 가족도 이해해 줄 거라고 생각했다. 실제로 이해해 주기도 하였을 것이다. 하지만 아버지와 자식 간에 말 한 마디 제대로 나눌 수 없는 사이가 되어 버린 경우도 많다. 가족이 같이 이야기할 시간이 적다면, 같이 밥 먹을 시간도 없다면 좋은 일이 아니다.

그러던 나라가 이혼율과 자살률이 높은 나라가 되고, 사고 다발 국가의 부끄러운 현실을 마주하면서 이제 좀 천천히 가려고 한다. 이제 젊은 사람일수록 바쁜 부유함보다는 여유 있는 부족함을 원하고 있다. 무조건 집 장만이 중요하던 시절에서 여가가 중요한 시대가 되었다. 집보다는 차가 중요해지고, 연봉 못지않게 휴가 일수도 중요해졌다. 가족과 천천히 인생을 즐기며 걷고 싶은 것이다.

우리는 원래부터 급한 성격의 사람들이었을까? '빨리 빨리'를 우리의 대표적인 문화인 것처럼 말하지만 사실 우리는 오히려 급한 것과는 거리가 멀지 않았나 한다. 천 리 길도 한 걸음부터 차근차근하는 성격이었고, 번갯불에 콩 볶아 먹듯 일하는 것을 좋아하지 않았다. 전통적인 춤사위를 보아도 오히려 느림의 미학을 발견할 수 있다. 우리 전통 문화 곳곳에서 여유로움을 발견할 수 있다.

시간을 내어 올레길이나 둘레 길을 걸어 보라. 동네의 한적한 길이라도 자신의 호흡을 바라보면서 걸어 보라. 삶을 천천히 돌아보는 지혜가 필요한 시점이다. 바쁠수록 돌아가라는 옛 선조들의 말씀이 귀히 다가온다.

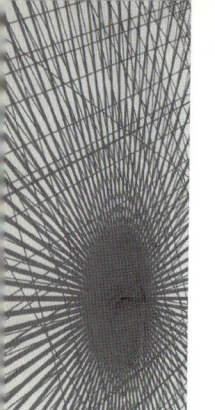

욕(辱)

나쁜 사람에게 할 수 있는 작은 저항

'욕 나온다. 욕 나와!' 라는 말을 한다. 욕을 하지 않고는 견딜 수 없다는 뜻이다. 욕쟁이 할머니가 인기가 높기도 하다. 욕이 시원한 느낌을 주고, 왠지 모를 카타르시스를 주기도 한다. 욕은 들으면 별로 기분이 좋지 않지만, 때로는 실컷 해 보고 싶다는 생각이 들기도 한다.

욕(辱)에 해당하는 순 우리말이 없다는 것은 흥미로운 일이다. '욕을 하다, 욕보이다, 욕되게 하다, 욕을 먹다, 욕쟁이' 등이 주로 욕과 관계되는 표현들이다. 욕은 주로 모욕(侮辱)과 관계가 있다. 듣는 사람을 수치스럽게 만들려는 목적이 있는 것이다. 개나 돼지, 쓰레기 같다는 말도 하고, 개의 자식이니 돼지의 자식이니 하는 말도 하고, 미쳤다는 말도 한다. 상대가 수치심을 느낄 만한 말들을 최대한 고르는 것이다. 주로 듣는 사람의 부모와 관련된 욕이 참을 수 없는 모욕과 분노를 일으킨다.

또한 저주의 소원을 듬뿍(?) 담기도 한다. 그래서 듣는 사람이 병에 걸리기 바라고, 천벌을 받기를 바라고, 고문을 받기를 바란다. 그래서 온갖 다양한 병명이 욕 속에 등장하게 된다. 또한 지금은 사용되지 않는 고문의 종류도 열거된다. 우리말 속의 욕에는 성적인 것들도 많아서 글로 적기가 어렵다. 입에 담기 어려운 말이라는 말이 욕의 지저분함을 보여준다.

욕을 자주 하는 사람은 어떤 부류의 사람이었을까? 우리는 주로 하류층의 사람들이 욕을 자주할 것이라고 생각하는 경향이 있다. 욕이 주로 깡패나 조폭 세계의 상징처럼 보여지기도 하기 때문이다. 또한 욕쟁이 할머니가 주로 등장하다보니 서민의 이미지로 욕을 여기는 까닭도 있을 것이다. 하지만 실제로 욕을 많이 하는 사람들은 상류층이었다고 한다. 지배층이 피지배층들을 다스리면서 하는 표현이 욕이었을 것이라는 논리는 일리가 있어 보인다. 마음에 들지 않는다고, 일을 다시 하라고 화를 내면서 고운 말을 하지는 않았을 것이다. 주변을 돌아봐도 직장 상사들이 아랫사람들에게

심하게 욕을 한다. 아랫사람들의 욕은 때로 소심하다. 뒤돌아서서 하거나 혼잣말로 하는 경우가 많다.

나는 욕을 가능하면 하지 말자는 '주의'의 사람이다. 어릴 때는 반항심에서 욕을 입에 달고 살기도 하였지만, 성인이 되면서부터는 욕을 가능한 한 하지 않으려고 한다. 그것은 욕의 의미 속에 상대에 대한 모욕과 상대에 대한 저주가 담겨 있기 때문이다. 말도 충분히 사람을 해치는 무기가 된다. 욕이 사람을 분노하게 하고, 욕 때문에 사람을 죽이기도 하는 것은 욕의 나쁜 힘이다.

하지만 생각해 보면 욕이 정확한 내 마음의 표현인 경우도 있다. 차를 운전하다 보면 나도 모르게 욕이 나온다. 위험하게 운전하거나 얌체운전을 하는 사람에게는 절로 욕이 나온다. 전에 제자를 태우고 운전을 하다가 갑자기 욕이 튀어 나와서 당황했던 적이 있다. 아마 그 당시 내 마음 상태는 욕이 나오는 것이 정상적이었을 것이다. 욕이 좋은 것은 아니지만, 나쁜 사람에게 우리가 할 수 있는 작은 저항이라는 생각도 든다.

욕을 해 주고 싶은, 그야말로 퍼부어 주고 싶은 사람

들도 있다. 우선 내가 제일 욕을 해 주고 싶은 사람은 남북 이산가족 문제에 귀를 닫고 있는 사람들이다. 가족의 헤어짐 앞에 어떤 정치적 논리가 필요할까? 답답한 사람들이다. 또한 문화적 편견에 빠져 있는 사람들도 참을 수가 없다. 피부색으로, 경제적인 이유로 차별을 일삼는 사람도 욕을 해 주고 싶다. 귀한 혈세를 멋대로 사용하는 사람들, 약자를 괴롭히며 쾌감을 느끼는 사람들에게도 욕을 퍼붓고 싶다.

오늘은 지면이니 욕을 꾹 참는다. 하지만 뜻 있는 분들은 내가 그들에게 퍼붓는 욕을 들을 수 있으리라 본다. 속 시원해 하시면서.

느낌 아니까

우리의 오늘을 보여 주는 말

유행어는 그 사회의 모습을 단적으로 보여 준다. 유행어는 사실 바람 같은 말들이다. 머무르지 못하고 상황이 달라지면 사라지고 마는 어휘이기 때문이다. 나는 유행어를 보면서 어떤 유행어는 빨리 사라졌으면 하고 바란다. 또 어떤 유행어는 좀 길게 살아남았으면 하고 희망하기도 한다. 유행어는 일부러 만든다고 만들어지는 것은 아니다. 개그맨들이 수많은 유행어를 쏟아놓지만 유행이 되는 것은 극히 드물다. 올 한 해 어떤 유행어가 있었는지 곰곰이 생각해 보라. 아무리 개그 프로그램을 열심히 본 사람도 생각나는 유행어가 별로 없을 것이다. 방송인들이 '요즘에 미는 유행어'라는 말을 하는 경우도 있는데, 성공 확률은 극히 낮아 보인다. 유행어는 사회의 분위기와도 관계가 깊기 때문이다.

올해 최고의 유행어는 취업포털 잡코리아(jobkorea)의 설문 결과에 따르면 개그우먼 김지민 씨의 '느낌 아니까'가 1위로 나타났다. 여배우의 위선적인 모습이나 허점 있는 모습에 대중들이 즐거워했던 것 같다. 2위는 '당황하셨어요?'가 차지했는데 보이스피싱을 소재로 한 개그로 누가 당황을 해야 하는지 모르는 상황을 재미있게 풍자하고 있는 듯 보인다. 이 두 표현은 생활 속에서 사용할 상황이 많아서 더 유행이 쉽게 되었다고 할 수 있다.

유행어를 만들려고 전혀 노력은 안 하지만 유행어를 만드는 사람들이 있다. 개그맨의 입장에서 보면 부럽기도 하고, 화가 날 수도 있겠다. 정치인의 언행은 금방 사람들의 입을 오르내리고 유행이 되기도 한다. 올 한 해 정치인들이 한 말 중에서 가장 유행이 된 말은 '개인적 일탈'이 아닐까 한다. 이 말은 자주 사용될 만한 표현도 아닌데 공교롭게도 비슷한 상황에서 자주 사용되다 보니 유행어처럼 되어 버렸다. 누군가 뒤에 숨어 있는 듯 보이기는 하지만 그것을 밝힐 수 없거나 밝히지 않는 경우에 쉽게(?) '개인적인 잘못'으로 치부해 버리는 것이다. 체계적으로 한 잘못이 아니라는 것을 강조하는 표현이다. 그런데 듣는 사람은 '개인적인 일탈'이라는 표현을 '전체적인 일탈'로 이해한다.

그게 문제다. 말하는 이와 듣는 이가 전혀 다른 생각을 하고 있는 경우를 우리는 '소통이 되지 않는다.'고 이야기한다. 다른 말로는 '불통'이라고 한다. 사회 곳곳에 소통이 막혀있다. 정치인뿐만 아니라 경영자와 노조, 선생님과 학생들 사이도 불통 투성이다. 불통의 근원에는 의심이 있다. 믿을 수 없다는 것이다. 소통을 위해서는 만나야 한다. 만나봐야 소용없다고 이야기하면서 소통을 말하면 안 된다. 만나면 말하는 시간보다 듣는 시간을 늘려야 한다. 상대방의 처지가 되어 생각해 봐야 함은 물론이다. 올해도 역시 '불통'이 유행어가 되어 버렸다. 이런 사회는 불행하다. 따뜻함이 없기 때문이다. 소통이 되어야 정이 흐른다.

가진 자와 못 가진 자 사이의 불균형을 보여 주는 세상에는 분노가 커진다. 사회에서 제일 무서운 것은 분노라는 생각이 든다. 못 사는 것은 분노의 원인이 아니다. 약한 것은 분노의 이유가 아니다. 하지만 차별은 분노의 원인이 된다. 업신여김은 분노를 일으키는 기름 같은 것이다. 억울한데도 분노하지 않기란 쉬운 일이 아니다. 그래서 억울한 사람이 없는 사회가 좋은 사회인 것이다. 올해 '갑과 을'이라는 말이 유행이 된 것은 슬픈 일이다. 억울한 사람들이 많다는 반증이기 때문이다. 좀 더 가졌다고, 힘이 더 세다고 약자를 무시하면 큰 일이 발생한다. 큰 코를 다치게 되는 것이다. 올해 그런 사건들이 여러 건 나타났다. 아직도 많은 억울한 일들이 이글거리고 있을 것이다. 억울한 사람이 없는 사회가 되기 바란다.

올 한 해가 다 끝나갈 무렵 기존의 다른 유행어를 밀어낼 만큼 강력한 유행어가 나타났다. 그것은 바로 '안녕들 하십니까?'라는 대자보의 열풍이다. 대자보이지만 선동적인 말투로 쓰이지 않아서 더 많은 가슴을 울리고 있다. 나 살기도 바쁜 세상이니까 다른 사람의 억울함을 신경 쓸 틈이 없다는 식의 사고방식에 부끄러움을 안겨 주는 표현이다. 다른 사람은 고통스러운데 당신은 그저 혼자 안녕하냐고 묻고 있는 것이다. 참 아픈 유행어이다.

요즘에는 이 유행어의 질문에 답하는 대자보들이 유행을 하고 있다. 사회가 건강해 지는 것은 바로 '응답'이 있기 때문이다. 혼자서 떠들어대는 메아리 없는 외침은 사회를 답답하게 한다. 올해의 유행어를 보면서 서로 소통하는 사회가 되기 바란다.

다이얼

추억 속으로 사라진 것

한국어 교재를 만들 때 늘 유의하는 것 중 하나는 이 소재가 얼마나 오래 갈까에 대한 것이다. 예전에 만든 한국어 교재를 보면 친구들과 다방에서 만나는 경우가 많았다. 하지만 요즘에는 다방에서 친구를 만나는 경우는 거의 없다. 특히 젊은 대학생들의 경우라면 친구를 다방에서 만날 가능성은 희박하다. 음악다방이라는 말도 이미 낯선 단어일 것이다.

'응답하라 1994'라는 드라마가 인기를 끈 것은 스토리뿐 아니라 옛 물건이나 사건에 대한 이야기를 나누는 즐거움도 한 몫 한 듯하다. 특히 삐삐나 시티폰 등의 소재는 요즘 세대로서는 이해가 안 되는 발명품이었을 것이다. 한때 한국어 교재에도 삐삐가 등장한 경우가 있었는데, 그 교재는 한마디로 망했다. 삐삐의 수명이 너무 짧았기 때문이다. 요즘 젊은이들 중에는 '짤순이'나 'DDD'가 무언지 모르는 사람도 많을 것이다. 모두 수명이 짧은 발명품이 아니었나 한다.

　　카세트테이프는 우리에게 추억의 물건이지만 어떤 나라 학생들은 본 적이 없는 물건이기도 하다. 카세트를 사서 들을 수 있는 형편이 아니었는데 곧바로 CD나 MP3로 문화가 넘어온 것이다. LP판, 비디오테이프, 필름이 어떤 문화에서는 처음 듣는 물건인 경우도 있다. 집집마다 이미 전축이나 비디오, 옛날 카메라를 다 버린 경우도 있을 것이다. 이제 LP판이나 비디오테이프, 필름이 있어도 사용할 방법이 없어진 것이다.

　　요즘 아이들은 성냥을 켜지 못하는 경우도 많다. 성냥을 만져 볼 기회가 거의 없기 때문이다. 생일케이크에 불을 붙일 때 정도만 성냥을 사용할 것이다. 생각해 보면 성냥이 여전히 유지되는 것이 용하다. 문득 카페에서 주는 성냥갑을 모으던 친구들이 생각난다. 참으로 다양하고 예쁜 성냥갑이 많았다. 지금까지 갖고 있다면 멋진 추억거리가 될 듯하다. 앞으로 일회용 라이터도 추억의 물건이 될지도 모르겠다. 집에 있는 라이터도 막 버리지 마시라.

　한 번은 아이에게 전화기를 설명하면서 다이얼을 이야기했더니 전혀 이해가 안 된다는 표정이었다. 왜 번호를 안 누르고 다이얼을 돌리냐는 것이다. 나도 다이얼 전화기의 원리를 잘 몰라서 설명하기가 어려웠다. 다이얼을 돌리면 '타르륵' 소리를 내면서 감기는 모습과 소리는 참으로 경쾌했었다. 좋은 전화기일수록 감기는 소리도 좋았던 기억이 난다. 나에게는 오히려 처음 버튼 방식의 전화기가 나왔을 때 신기했던 기억이 있다. 무선전화기나 자동응답기는 놀라운 혁명과도 같은 발명품이었다. 지금은 아이들에게 물어보면 전화에 선이 달려 있는 것은 사무실 전화기라고 대답한다. 생각해 보니 아직 사무실 전화는 유선 전화기가 많은 듯하다.

　예전의 가정환경 조사서를 보면 집안의 재산 목록에 '냉장고, 세탁기, 카메라, 라디오, 텔레비전, 전축' 등이 있었다. 이런 걸 왜 조사했는지 생각해 보면 약간 짜증이 나지만, 그 때는 집에 이런 물건이 있는 경우가 많지 않았다. 집안 형편을 알아보는 손쉬운 방법이었던 것이다. 나는 가정환경 조사서를 쓸 때마다 거짓말을 했던 기억이 있다. 물론 없는 것을 있는 것처럼 속이는 거짓말이었다. 이런 걸 써서 보내는 부모님들의 마음은 어땠을까? 부모님의 학력, 재산 정도, 직업 등을 쓰면서도 왠지 기분이 별로였던 기억이 있다. 없는 가훈을 쓰느라 고생한 기억과 함께.

다이얼이 뭐냐고 아이들이 묻는 것처럼 또 몇 십 년이 지나면 많은 물건이 추억 속으로 사라질 것이다. 그 중에는 아쉬운 것도 있을 것이고, 오히려 잘 없어졌다는 생각이 드는 것도 있을 것이다. 훗날 아이들이 이런 질문을 하는 상상을 해 본다. '총, 대포, 탱크, 미사일, 핵'이 뭐예요? '유괴, 납치, 고문, 독재'가 뭐예요? '암, 백혈병, 에이즈, 우울증'이 뭐예요? 우리의 간절함이 모여 세상이 아름답게 변할 것이다.

헐버트와 안중근

아름다운 세상을 꿈꾸었던 사람

얼마 전 네덜란드 헤이그에서 평화회의가 열렸다. 그 회의에 한국의 대통령이 참가하였고, 3월 26일에는 오랜만에 한국과 일본의 정상이 미국의 대통령과 함께 만나는 자리가 마련되었다. '헤이그'. 우리는 헤이그가 어디에 있는 도시인지도 잘 알지 못한다. 하지만 한국인에게 헤이그는 매우 친숙한 이름의 도시이다. 그것은 1907년 만국평화회의가 열렸던 도시이고, 고종황제의 특사로 파견된 이준 선생이 순국한 곳이기도 하다. 헤이그라는 도시가 가슴을 아리게 만드는 이유는 나라 잃은 백성의 슬픔이 느껴지기 때문이다.

주권이 있는 나라의 백성이 나라 없는 백성의 설움

을 상상하기 어렵다. 일제의 방해로 뜻을 펼치지 못한 밀사 3인 '이준, 이상설, 이위종 선생'에게 헤이그의 하늘은 푸르지 않았을 것이며, 평화는 그저 공염불에 불과하였으리라. 이국땅에서 자결을 택한 이준 열사의 마지막 순간이 자꾸 떠오른다. 그런 장소에서 한국과 일본의 정상이 만난다니 참으로 역사적 아이러니가 아닐 수 없다.

그런데 헤이그에는 세 명만이 특사로 파견된 것이 아니었다. 한국인보다 한국을 더 사랑하고, 한국인보다 한국의 미래를 밝게 본 '헐버트 선생'도 그곳에 파견되었다. 비록 특사의 소임을 이루지는 못하였지만 헤이그 특사는 '4인'이라고 해야 한다는 의견에 충분히 동의한다. 우리 역사에서 헐버트 선생에 대해 제대로 가르치지 않는 것은 부끄러운 일이다. 고마움과 부끄러움을 모르는 민족은 아름다운 민족이 아니다.

헐버트 선생은 구한말 때 한국에 선생님으로 부임하였다. 한글을 배우면서 한글의 우수성을 파악하고 한글에 관한 논문도 여러 편 썼으며, 순 한글로 된 우리나라 최초의 교과서 '사민필지(士民必知)'라는 책도 썼다. 아리랑을 악보에 최초로 옮긴이도 바로 헐버트 선생이었다. 한국의 역사,

한국인의 우수성을 세계에 열심히 알린 이도 헐버트 선생이었다. 일제의 만행을 세계에 알리고, 억울한 한국인을 도와주고 변호하였으며, 빼앗길 뻔한 문화재를 지켜내기도 하였다.

일제의 방해로 일제 강점기에는 한국에 있을 수는 없었으나 미국에서도 한국의 독립을 위해서 전력을 다하였다. 외국에 있는 우리민족을 재외동포라고 한다면 헐버트 선생이야말로 재외동포가 아닐까 하는 생각이 들었다. 그는 죽어서 한국 땅에 묻히기를 늘 희망하였다고 한다. 1949년 한국 방문 며칠 후에 숨을 거두고, 양화진에 묻히게 되었다고 하니 헐버트 선생의 삶에 절로 옷깃을 여미게 된다.

3월 26일은 안중근 의사가 동양평화를 간절히 소망하며 형장에 이슬로 사라진 날이기도 하다. 안중근 의사는 31세의 나이에 이토 히로부미를 저격하였다. 이러한 역사적 사실에 우리는 안중근 의사를 무력으로 적을 무너뜨린 사람으로 잘못 기억하고 있는 듯하다. 안중근 의사는 오히려 평화를 위해 어쩔 수 없이 적을 저격한 성직자의 느낌이 강했다. 죽는 순간까지 감옥에서 동양평화론을 저술하였던 그의 의연한 모습에 일본인 간수 등이 깊이 존경을 표현한 것은 안중근 의사를 다시 살펴야 할 이유가 된다.

헤이그의 3월 26일. 우리는 헐버트 선생과 안중근 의사를 기억해야 한다. 그것이 더 이상 역사에 빚지지 않는 길이기도 하다. 우리의 삶에는 지난 날 아름다운 세상을 꿈꾸었던 많은 사람들의 모습이 담겨있다. 며칠 동안 헐버트 선생의 삶에 빠져들게 한 『파란 눈의 한국 혼 헐버트(김동진 지음)』와 안중근 의사에 대해 다시 생각해 보게 만들어 준 '슬픈 테러리스트의 진실(일본 아사히 TV)'에 고마움을 표한다.

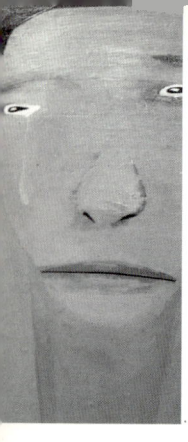

띵! 핑! 찡!

작은 변화에도 민감한 우리말

우리말의 의성어, 의태어는 표현이 참 재미있다. 어떨 때 보면 정말 이보다 더 알맞은 표현이 있을까 싶다. 이걸 외국어로 번역한다면 어떻게 할까 하는 궁금증도 생긴다. 아마 쉽지 않을 것이다. 우리말은 의성어, 의태어가 발달했다는 점에서 어휘의 느낌이 잘 드러나 있는 언어이다. 얼마 전에 우연히 우리말 감정에 해당하는 의태어들을 생각해 보다가 그것들이 모두 비슷한 발음의 한 글자 어휘인 것이 흥미로웠다. 그것이 오늘의 주제인 '띵, 핑, 찡'이다. 아마 제목만 보고는 중국어가 아닐까 생각했을 듯하다.

우리는 머리가 아플 때 '머리가 띵 하다.'라는 표현을 쓴다. 아마 머리가 띵 한 경우는 심리적인 경우보다는 물리적인 외부의 충격이 주된 원인이었을 것이다. 한 대 맞은 것처럼 머리가 아프다고도 하는데, '띵'이라는 표현을 쓰는 경우와 비슷한 상황인 경우가 많다. 그런데 외부의 충격은 물리적인 것도 있지만 심리적인 것도 있다. 누가 아프다든지, 누가 돌아가셨다든지, 누구에게 안 좋은 일이 생겼다든지 하는 소식은 머리에 그 무엇보다도 충격을 준다. 머리가 띵하면 아무런 생각이 나지 않게 되는 것도 충격의 강도를 보여준다. '띵'은 내 머리 속에 전해진 울림을 나타낸다. '띵'과 관련이 있는 표현으로는 종이 울린다고 할 때 쓰는 '땡, 뎅그렁' 등이 있다.

'핑'이라는 표현을 들으면 우선적으로 '도는' 느낌이 난다. 아마도 주로 '눈물이 핑 돌다'와 같은 표현이 생각나기 때문일 것이다. 어지러운 느낌을 이야기할 때도 '핑 도는 것 같다'고 표현을 한다. '핑'은 돌아가는 모습을 나타내는 의태어이다. 그래서 핑 돌아서 어지럽다는 말을 하기도 한다. 눈물은 곧바로 떨어지는 것이 아니라 눈동자 위를 덮고 있는 느낌이 들 때 우리는 '눈물이 핑 돈다'라고 표현한다. 비슷한 표현으로는 '눈물이 그렁그렁 하다'가 있는데 '핑' 도는 것이 '그렁그렁'보다는 '갑작스럽다'는 느낌이 있다. 그리운 사람을 이야기할 때, 불쌍한 일을 이야기할 때 우리는 눈물이 갑자기 나올 것 같은 느낌을 갖게 된다. '그렁그렁'은 핑 돈 눈물이 떨어지지 않고 눈 속에 담겨 있는 모습을 표현하는 말이다. 그러고 보면 눈물에 해당하는 의태어도 참 많다. 눈물이 '뚝뚝' 떨어지기도 하고, 눈물이 뺨을 따라 '주르륵' 흐르기도 한다. 하긴 눈물과 관련된 소리도 다양하다. '엉엉, 으앙, 응애'하고 울기도 하고, '흑흑' 대면서 울기도 한다.

'찡'의 경우는 진동처럼 느껴지는 경우에 쓰는 표현이다. '코끝이 찡하다'라는 표현을 쓰는데 보통은 '미간이 찡한 느낌'을 코끝이라고 표현한다. 정확하게 보면 코끝은 아니다. 코를 찡그리면서 눈물을 참는 모습을 보이게 된다. 보통의 경우 눈물이 떨어지지는 않지만 슬픔이나 감동이 몰려 올 때 쓰는 표현이다. 그래서 '가슴이 찡하다'라는 표현도 사용한다. 찡함은 아픈 울림이다. 코끝이나 가슴이 찡할 때 정말 어찌할 수 없이 아프다. 내 몸 속을 돌고 있는 피와 물이 갑자기 좁아진 혈관을 깎아내며 흘러 다니는 것이 느껴진다고나 할까?

우리말은 의성어와 의태어가 발달한 언어이다. 그것은 어떤 의미가 있을까? 이것은 우리가 모습의 변화, 소리의 변화에 관심이 있음을 보여 준다. 즉, 우리는 변화에 무척 민감하다는 것이다. 웃는 소리도 다 다르게 들린다. 아이(헤헤)인지 어른(허허)인지에 따라서, 남자(하하)인지 여자(호호)인지에 따라서, 그리고 정말 기쁜 일인지 아닌지에 따라서 웃음은 가지각색(히히, 흐흐, 킥킥, 키득, 낄낄, 깔깔, 껄껄껄)으로 변화하여 표현된다. 걷는 모습도 마찬가지이다. 아이(아장아장)인지, 남자(뚜벅뚜벅)인지, 화가 났을 때(쿵쿵)인지, 겁이 났을 때(슬금슬금)인지에 따라서 작은 변화(터벅터벅, 어슬렁어슬렁, 살금살금, 뒤뚱뒤뚱)까지 재미나게 표현된다. '떵, 핑, 찡'과 같이 재미있는 어휘들을 보면서 말 속에 느낌을 담던 우리 선조들의 마음을 느껴본다.

'ㅎ'과 'ㅋ'

'나'를 보여 주는 글씨그림

먼저 이 글의 제목을 읽을 때 '히읗', '키읔'으로 읽어야 함을 밝혀 주고 싶다. 한국어를 가르친다는 사람들조차도 '히응', '키역'이라고 하는 사람들이 종종 있어서 노파심에 짚어 두고 넘어가려는 것이다. 한글자모의 이름을 정확히 쓸 수 있다면 한글학교 선생님의 기본적인 자질은 되었다고 할 수 있다. 물론 왜 그렇게 자모의 이름을 부르는지도 안다면 금상첨화일 것이다. 참고로 남한과 북한은 자모 이름도 순서에도 차이가 있다.

이모티콘에 쓰이는 'ㅎㅎ', 'ㅋㅋ'은 '하하'와 '큭큭, 키득키득'을 줄인 표현이다. 왠지 'ㅎ'은 입 벌리고 웃는 듯해서 보는 이들도 기분이 좋고, 'ㅋ'은 눈을 윙크하듯이 하며 웃는 듯 보여서 귀엽다는 생각도 든다. 'ㅠ'나 'ㅜㅜ'를 보면 눈물을 흘리고 있는 모습이 상상되어 안쓰럽기도 하고 재미있기도 하다. 글자의 모양이 사람의 표정을 담고 있다는 것은 재미있는 일이다. 한글이 소리문자라는 장점뿐 아니라 그림문자의 장점까지 갖게 되리라고는 세종대왕도 상상하지 못하였으리라.

글씨의 모양을 보며 사람의 감정을 상상해 보라. 글씨가 그림의 역할, 즉 상형문자의 역할도 하고 있는 것이다. 반대로 그림이 글의 역할을 하기도 한다. 이러한 의미를 생각해 본다면 이모티콘은 '글씨그림'이라고 할 수도 있을 것이다. 무분별한 외래어 남용을 막자는 의미에서 '글씨그림'이라는 표현도 살려서 쓰면 어떨까 하는 생각도 든다. 사실 어르신들은 다양한 이모티콘을 사용하기도 힘들어하지만 이모티콘이라는 말의 의미도 정확히 모르는 경우가 많다.

우리말에는 의성어가 매우 발달해서 여러 즐거움을 준다. 'ㅎㅎ' 누가 보냈는가에 따라 '하하, 호호, 헤헤, 히히'로 바뀌어 전달된다. 아마도 음흉한 생각(?)으로 보냈다면 '흐흐'로 느껴질 것이다. 자기는 그냥 별 생각 없이 보내지만 받는 사람은 온갖 상상을 하고 있는 것이다. 자신이 보낸 'ㅎㅎ'

을 어떻게 받아들였는지 주변 사람들에게 물어 보라. 나는 'ㅎㅎ'을 보낼 때, '하하'라고 생각하며 보낸다.

또한 글씨그림뿐 아니라 다양한 부호는 감정을 담고 있어서 재미있다. 길게 늘여 이야기하는 경우라면 '~'를 뒤에 덧붙이면 된다. 장음의 표시, 길게 늘인 말투의 느낌이 듬뿍 담기게 된다. 기존의 한글표기에서는 잘 상상하기 어려웠던 표기들이다. '?'와 '??'는 느낌이 전혀 다르다. '?'는 단순한 물음이라면 '??'은 억양이 느껴진다. '정말 그런가요?' 하는 의구심이 느껴지기도 한다. 직선적으로 묻는다는 느낌도 적다. 문자를 보낼 때 무례한 느낌을 덜어내기 위해서 '??'를 쓰는 경우도 있다. '^^' 은 보기만 해도 웃는 모습이 떠올라 즐겁다.

어떤 국어학자는 글씨그림의 문제를 지적하기도 한다. 연령 차이에 따라 소통의 문제도 있고, 무분별한 사용은 국어를 황폐화할 수도 있다는 것이다. 하지만 글에 감정을 담고 싶어 하는 젊은 계층의 욕구는 자연스레 더 많은 이모티콘으로 진화하게 될 것이다. 이미 많은 문자나 채팅방에서 감정을 나타내는 그림들이 팔리고 있고 공유되고 있다. 글자와 기호의 범위를 넘어서서 재미있는 만화로도 발전

되고 있는 것이다.

　　구어와 문어의 가장 큰 차이점은 감정의 전달에 있었다. 사실 글을 쓰면서 제일 곤란한 것은 내 감정이 고스란히 전달이 안 된다는 것이다. 슬픔인지 기쁨인지, 웃음인지 눈물인지 감정을 담기가 무척 어렵다. 글씨그림은 이러한 우리의 감정을 예쁘게 전달해 주는 역할을 할 것이다. 다양한 모습으로 글씨그림들이 발달하게 되기 바란다.

성(姓)

가문을 앞세우는 생각

우리나라 사람은 목숨을 걸고 확신에 차서 이야기할 때 '성을 갈겠다'라고 한다. 성이 얼마나 중요한 것이기에 성을 간다는 것이 엄청난 약속이 될까? 출세하여 이름을 드날리는 입신양명(立身揚名)이 최고의 효도라 생각하던 시절에 가문을 드높이는 일은 그 무엇보다도 중요하였다. 당연히 성이 중요할 수밖에 없었을 것이다. 성이 그렇게 중요함에도 성을 갈겠다고 말을 한다는 것은 '죽어도 내 말이 맞다.'라는 강조의 표시인 셈이다.

여러분은 아마도 성이 꼭 필요한 것이라고 생각할 수 있겠다. 그리고 성은 아버지의 성을 따르는 것이 자연스러운 것이라고 믿고 있을 것이다. 하지만 성과 관련된 문화를 살펴보면 다양한 방법의 성이 나타난다. 일본만 하더라도 꼭 아버지의 성을 따라야 하는 것은 아니다. 심지어 할머니의 성을 따르는 경우도 있다. 결혼 후에 남편 성을 따르는 것도 나라마다 다르다. 대표적으로 우리나라는 결혼 후에도 여자가 자신의 성을 유지한다. 서양에서는 가족은 같은 성을 가져야 한다고 생각한 듯하다. 영어에서는 성을 'family name'이라고 하는데 한국의 상황으로 보면 맞는 말이 아니다. 왜냐하면 어머니의 성이 주로 다르기 때문에 '가족'의 공통적인 것으로 보기는 어려운 것이다. 물론 'last name'도 부정확한 표현이다. 우리는 성을 마지막에 쓰지 않고 처음에 쓰므로 사실은 'first name'이 성인 셈이다.

한국어를 가르치다가 미얀마 학생에게 성이 뭐냐고 물어보면 당황스러운 대답을 듣게 된다. 성이 없다는 것이다. 이름만 있고 성이 없다는 대답을 들으면서 성이 없이 어떻게 살 수 있을까 걱정이 되기도 한다. 왜냐하면 여권이나 비자에 늘 성을 쓰는 난이 있고, 학교에서나 직장에서나 성을 묻는 경우가 많기 때문이다. 어쩌면 미얀마 사람들은 성이 없다고 어떻게 설명할지를 늘 준비하고 다닐지도 모르겠다. 나는 항상 미얀마 사람을 볼 때마다 우리도 성이 없이 살 수 있겠다는 생각을 하게 된다.

한국에서도 한동안 부모의 성을 함께 쓰자는 운동이 벌어졌었다. 아버지의 성만을 쓰는 것을 일종의 차별이나 불평등으로 본 것이다. 어머니의 피도 물려받았는데 왜 아버지의 성만을 이어 받느냐는 문제 제기인데 일리가 있다고 생각되었다. 사실 내 성에는 수많은 어머니, 할머니의 핏줄이 담겨 있다. 당연히 지금 내가 쓰는 성 외에 다른 성의 요소가 더 많을 것이다. 그럼에도 불구하고 아버지의 성만을 쓰는 것을 당연히 생각하는 것은 고정관념이 강하게 작용하고 있는 문제이다. 하지만 부모의 성을 함께 쓰는 것이 자연스러운 나라도 있다. 예를 들어 스페인 계통의 언어 중에는 부모의 성을 함께 쓰는 경우가 많다. 내가 아는 한 파라과이 교포 학생은 성이 '박김'이다. 아버지가 박 씨이고 어머니가 김 씨인 것이다.

요즘 아이돌 그룹을 보면 이름은 알겠는데 성은 무엇인지 통 알 수 없는 경우가 많다. 소녀시대의 이름을 보고 성을 맞추어 보라. '태연, 서현, 유리, 효연, 수영, 윤아, 제시카, 티파니, 써니'의 성은 무엇인가? 모두 알고 있다면 아마도 소녀시대의 광팬일 듯하다. 사실 나는 소녀시대의 이름도 검색을 해 보고야 알았다. 어떤 경우에는 아예 이름도 없는 경우도 많다. '비, 세븐, 탑'의 본명은 무엇인가? 이제 성보다는 자신의 이름을 더 중요시하는 세상이 된 것이다. 가문을 앞세우기보다는 자신의 개성을 중요하게 생각하는 세상을 보여주는 풍조가 아닌가 한다. 아마 이제는 성이 뭐냐고 묻는 것이 어색할지도 모르겠다. 우리가 쓰는 성도 이렇게 문화와 세상의 모습을 보여 준다.

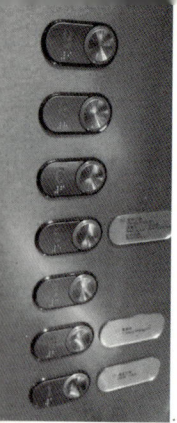

숫자

우리가 생각하는 세상의 크기

　　우리의 이름과 성을 보면 숫자와 연관이 있는 경우가 많아서 재미있다. 나는 외국 학생들에게 한국 성을 가르칠 때 수와 연관시켜 기억하게 한다. 이렇게 하면 반대로 수를 외우는 데 도움이 되기도 한다. '공'이나 '방'(빵)은 0과 관련이 있고, '한'은 1과 '이'는 2와 '사'는 4와 '오'는 5와 '육'은 6과 '구'는 9와 관련이 있다. 이 때 나는 농담으로 높은 숫자인 성이 좋은 성이라고 말하면 외국 학생들은 정말인가 하는 표정을 짓는다. 그러고는 '백'은 100과 관련이 있고, '천'은 1000과 관련이 있다고 말한다. 학생들은 1000에 해당하는 성이 있다는 것을 알고 깜짝 놀란다. 마지막에 슬쩍 우리나라 성에 억의 '만 배에 해당하는 '조'도 있다고 이야기한다. 그때서야 내 성이 '조' 씨임을 알고 웃음을 터뜨린다.

숫자는 왜 필요할까? 모든 사람들에게 숫자가 필요한 것처럼 이야기하지만 실제로 숫자가 발달한 언어는 많지 않다. 고유어로 숫자가 얼마까지 있는지 살펴보면 그 언어의 수 개념을 알 수 있을 것이다. 우리말에도 수는 현재 아흔아홉까지밖에 없다. 100 이상은 모두 한자어이다. 물론 예전에는 100에 해당하는 '온'과 1000에 해당하는 '즈믄'이 있었다. '온갖'이라는 말은 백 가지라는 뜻이었다. '백'이라는 숫자가 얼마나 큰 숫자인지 알 수 있는 표현이다. 한자어에도 백화(百花)가 만발(滿發)한다고 하는데, 백은 적은 숫자가 아니다. 이제 우리말 '온'은 '모든'이라는 의미로도 쓰이게 되었다. 세상을 의미하는 '온누리'가 대표적인 단어이다. '즈믄'이라는 단어는 이제는 더 이상 사용되지 않는 죽은 말이 되어버렸다. 단어도 생로병사가 있어서 태어났다가 죽기도 하는 것이지만, 왠지 숫자 천을 나타내던 순 우리말 '즈믄'이 사라진 것은 아쉬움이 많이 남는다. 우리가 많이 사용하여 부활(?)을 시켜 주면 어떨까 하는 생각도 해 본다.

어떤 언어에는 숫자가 몇 개 없는 경우도 있다고 한다. 농담처럼 '하나, 둘, 셋' 다음이 '많다'라고 하는 언어가 있다고 하는데 정말 그런지 확인해 보고 싶다. 아이들에게 물어보면 제일 큰 숫자는 '10'인 듯싶다. 아이들에게는 '열'이

구체적으로 상상할 수 있는 가장 큰 숫자일 것이다. 우리는 보통 수를 셀 때 손가락을 꼽는다고 하는데, 손을 꼽아 셀 수 있는 가장 큰 수가 10이기 때문이다. 물론 여러 번 손을 오므렸다 폈다 하면 더 많이 숫자를 셀 수도 있겠지만, 보통 그쯤 되면 몇을 세었는지 잊어버리는 경우가 더 많다. 아이들에게 '열'은 큰 숫자이다. 나는 종종 아이들이 말하는 '열'을 들을 때마다 가슴이 아프다. 예전에 먼 길을 떠난 아버지를 그리워하는 아이들에게 어머니는 늘 '열 밤만 자면 오실 거야' 하였다. 아이들은 늘 그 말을 믿었지만, 열 밤은 줄어들지를 않았다. 한참이 지났는데도 또 열 밤이 남은 경우가 많았던 것이다. 돈 벌러 가신 아버지는 쉬이 오지 않았다. 그저 열 밤이 지난다고 해결될 일이 아니었기에.

요즘에는 간절함을 이야기할 때 '천만 번'이라는 수를 자주 이야기한다. 드라마 제목, 노래 가사, 시 구절에도 천만 번이라는 말이 자주 등장한다. 아마도 우리가 셀 수 있는 가장 큰 단위라는 생각이 드는 것 같다. 왠지 '억 번'이라는 말은 간절함에 어울리지 않는 느낌도 든다. 우리가 아는 수로 '조'나 '경'도 있지만 아주 큰 수라는 개념으로는 잘 사용되지 않는다. 우리가 생각할 수 있는 단위가 아니기 때문이다. 그러나 뭐니 뭐니 해도 가장 간절한 수는 역설적으로

'한 번'이 아닐까 한다. '제발 한 번만'이라도 볼 수 있다면, '두 번 다시는' 바라지 않겠다는 애절함이 다가온다. 여러분은 한 번만이라도 꼭 해 보고 싶은 것은 무언가? 늦기 전에.

수에는 우리가 생각하는 세상의 크기가 담겨 있다. 우리가 세상을 바라보는 감정도 담겨 있다. 그 속에는 수없이 많은 별과 수없이 많은 사람들의 이야기가 담겨 있다.

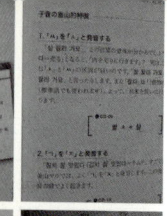

사투리

사라지지 말아야 할 언어 유산

서울 사람들은 부산에서 온 사람들에게 시골에서 왔다고 이야기한다. 부산 사람들이 제일 듣기 싫어하는 소리가 '시골 사람'이라는 이야기도 있다. 서울 사람들은 사투리를 쓰는 곳은 다 시골로 생각하는 경향이 있다. 점점 수도권 중심의 사회가 되면서 우리나라 제2의 도시 부산도 예전만 못해졌다. 부산의 명문대학들도 서울의 대학들에 자리를 빼앗기고 있다. 이른바 '인 서울(In Seoul)'의 이상한 현상에 피해를 입고 있는 것이다. 참으로 큰 문제다. 지역의 대학을 기피하는 현상은 지역의 미래를 어둡게 한다.

그런데 최근의 드라마를 보면 신기한 현상이 발견된다. 아예 주 무대가 부산으로 나오는 것이다. 드라마 '응답하라 1997'과 '골든타임', '해운대 연인들'은 모두 배경이 부산이다. 이렇게 한꺼번에 부산이 드라마의 무대였던 적이 있었을까? 아마 부산 국제 영화제의 영향도 있을 것이다. 어쩌면 '친구' 흥행의 영향력이 여전히 남아있을 수도 있다. 그래도 '부산'이 드라마의 핵심 장소로 나오는 것은 서울 사람인 나로서는 어딘지 모르게 어색하다.

예전 드라마를 보면 처음은 지방에서 시작하더라도 이야기의 흐름은 서울로 상경한 이후에 절정을 맞게 된다. 예전 드라마는 대부분 그랬다. 기억에 남는 드라마를 떠올려 보라. 부산에서, 광주에서, 춘천에서 시작한 이야기는 아역을 지나면서 서울로 올라온다. 지방은 드라마의 맛깔 나는 감초 같은 곳이지 스토리의 중심은 아니었던 것이다.

그리고 당시에도 잘 이해가 안 되었던 것이지만 대부분의 주인공은 사투리를 쓰지 않았다. 악역으로 나오는 사람, 주인공의 부모와 형제가 모두 사투리를 쓰더라도 주인공은 표준말을 쓰는 경우가 많았다. 조금만 생각해 봐도 이상한 일이지만 당시 사람들은 그냥 그러려니 했던 것 같다. 주인공이 사투리 쓰는 게 어쩐지 이상했던 것이다. 좀 더 시대를 거슬러 올라가면 주인공으로 나오는 배우가 사투리를 심하게 쓰면 아예 성우를 써서 더빙을 하는 경우도 있었다. 실제 배우의 사투리를 듣고 환상이 깨졌다는 팬들의 이야기도 들려오던 시절이었다.

최근 드라마에서는 배우들의 사투리 구사능력이 논란이 되기도 한다. 사투리를 제대로 구사하지 못하면 아예 명품 배우 반열에는 오를 수 없는 것이다. 사투리 연기를 위해서 피나는 노력을 하기도 한다. 그 지방에 가서 살면서 사투리를 익혔다는 경험담들이 사람들의 마음을 울리기도 한다. 이제 최소한 배우에게는 사투리도 중요한 경쟁력의 조건이 된 것이다.

나는 사투리가 더 생명력을 갖게 되기 바란다. 아직 지역마다 사투리를 쓰고는 있지만 많은 방언 어휘들이 사라져 가고 있다. 이제 지역에 따라서는 할머니와 손녀가 말이 통하지 않는다. 방언에도 통역이 필요한 시대가 된 것이다. 좀 지나면 아예 그 방언을 잘 구사할 수 있는 사람이 사라지게 될지도 모른다. 그리고 그 시기는 그리 멀지 않았을 수도 있다.

드라마뿐 아니라 지역 라디오 방송이나 텔레비전 방

송에서도 일정한 시간은 사투리로만 진행하는 것도 생각해 볼 일이다. 언어는 그 자체로 엄청난 문화유산이다. 사투리가 의사소통을 방해하는 요소로 평가 받던 시절도 지나가고 있다. 이제부터는 오히려 우리의 귀한 자산인 사투리의 보존에 힘을 쓸 일이다. 언어는 다른 것과 달라서 한번 사라지기 시작하면 다시 복원해 내기가 너무나도 어렵다. 사투리 속의 삶을 지켜내기 위한 여러 사람의 노력을 기대해 본다.

책(册)

생각의 가시덤불을 없앨 무기

하루라도 책을 읽지 않으면 입안에 가시가 돋친다는 말이 있다. 독서의 중요성을 이야기할 때 늘 등장하는 구절이다. 하지만 현대 사회를 살아가는 우리는 하루는 고사하고 한 달, 심지어는 일 년에 한 권의 책을 읽지 않는 경우도 많다. 아마 옛 비유를 믿는다면 우리 입은 가시덤불이 되어 있을 것이다.

하지만 이제 사람들에게 무조건 책을 읽으라고 강요하기도 어렵다. 책보다 재미있는 것이 너무나 많다. 한국의 영화 관객 수 집계를 보면 수백만 또는 천만 관객이라는 말이 심심치 않게 나온다. 사실 영화 한 편 값도 만만치 않다. 가족이 같이 영화를 보았다고 치면 몇 권의 책을 살 수도 있다. 돈이 없어서 책을 안 사는 것은 아니라는 이야기다. 영화가 재미있기 때문에 책보다는 영화를 택하는 것이다.

집의 TV는 어떤가? 종종 재미있는 방송이 없다고 투덜거리기도 하지만, 여전히 하루 중에 우리의 눈을 붙잡고 있는 시간이 제일 많은 것은 텔레비전이다. 텔레비전이 없어지면 책을 보려고 할지도 모르겠다. 컴퓨터 게임은 어떤가? 아이들의 공부하는 모습을 보면서 어른들은 아이들의 집중력이 떨어졌다고 걱정을 한다. 그러나 게임을 하는 아이들의 모습을 보라. 놀라운 집중력의 순간을 보게 될 것이다. 식음을 전폐하고, 잠을 잊어가며 게임에 몰두한다. 아이들이 공부에 집중을 못하는 것은 단순하게 말하면 공부가 재미없기 때문이고, 재미없게 가르치기 때문이다.

그럼에도 책을 안 읽는 문화가 좋은 것이 아님은 분명하다. 무언가를 논리적으로 사고하는 능력은 독서에서 나온다. 또한 옛 조상들의 지혜나 수많은 정보도 책 속에 있다. 다양한 책을 통해서 다양한 사람들의 생각을 만나고, 사람들의 감정을 느낄 수 있게 되는 것이다. 책은 현대에도 여전히 무궁무진한 장점이 있다.

독서문화가 다시 꽃 피기 위해서는 어떤 노력들이 필요할까? 물론 좋은 책이 많아져야 할 것이다. 하지만 좋은 책조차도 출판이 되지 않는 현실을 미루어 볼 때 집필과 출판을 독려할 수 있는 많은 장치가 필요하다. 예를 들어 비싼 책 가격은 독서의 저해요인이 된다. 도서관에서 빌려 볼 수도 있겠지만 어쨌든 돈 주고 책을 사는 데 가장 큰 걸림돌은 가격이다. 디자인이나 외관도 중요하겠지만 싸고 휴대하기 좋은 다양한 책들이 출판되어야 한다. 일본의 경우에는 다양한 문고판 책들이 발달해 있다. 우리는 오히려 문고판이 줄어들고 있는 듯하다. 문고판 찾기가 힘들다. 문고판이 추억이 되어버린 것이다. 한국에서는 이제 미국에서 출판된 책도 그리 비싸지 않게 구입할 수 있다. 인터넷 서점의 가격이 미국과 별 차이가 없는 것이다. 그런데 미국에서 한국 책을 구입하려면 왜 몇 배의 돈을 지불해야 하는지 궁금하다. 한국 책이 미국에서도 합리적인 가격으로 팔리기를 기대한다.

또한 다양한 주제의 책들이 출판되어야 할 것이다. 막상 책을 읽으려고 보면 해당 주제의 책이 없는 경우도 많다. 관심이 없는 분야여서 출판이 안 된 경우도 있지만 수지타산이 맞지 않아서 출판을 포기하는 경우도 많다고 한다. 다양한 주제의 책을 출판할 수 있게 정부나 유관기관의 도움이 필요할 것이다. 일정한 주제에 대해 출판 지원을 하는 재단의 경우도 있는데, 이런 재단도 많이 늘어나야 할 것이다.

방송도 독서 문화에 큰 도움이 될 수 있다. 여러 가지 부작용이 있기도 하지만 방송에서 소개한 책들이 그나마 사람들의 손에 잡히게 된다. 아이돌이나 스타들이 책을 읽는 모습을 보여 주고, 본인들이 감명 깊었던 책을 소개하는 프로그램이 많아졌으면 한다. 엄숙한 책 소개보다는 책이 생활이라는 느낌을 주는 코너들이 많아져야 독서 문화의 증진에 도움이 될 것이다.

책 속에서 과거도 만나고, 현재도 만나고, 미래도 만났으면 한다. 따뜻한 차 한 잔과 함께.

애국가(愛國歌)

나라를 사랑하며 불러야 할 노래

애국가는 나라를 사랑하는 노래이다. 나라를 사랑하며 불러야 하는 노래이기도 하고, 노래를 부르면 나라를 사랑하는 마음이 생기기도 해야 한다. 하지만 일반적으로 애국심을 가지고 애국가를 부르는 경우도 적고, 애국가를 부르면 애국심이 뭉클하게 생겨나는 경우도 많지 않다. 애국가는 형식적으로 부르게 되는 노래가 되어 버린 것이다. 그저 행사곡의 느낌이 많다. 그렇다면 애국가가 뜨겁게 가슴에 다가온 경험은 어떤 때인가?

애국가가 나라 사랑의 마음을 불러일으키는 경우는 주로 스포츠 경기에서다. 국가대표간의 경기를 앞두고 울려 퍼지는 애국가 소리는 우리의 심장을 두들기는 듯하다. 우리가 하나임을 느끼게 하는 순간인 것이다. 또한 올림픽 등에서 금메달을 딴 후 시상대에서 울려 퍼지는 애국가도 눈시울을 뜨겁게 한다. 온갖 어려움을 넘어 시상대 맨 윗자리에 오른 선수들의 마음이 느껴지기 때문이다. 보통 선수들의 눈가에도 눈물이 흐른다.

내 경우에 애국가가 감동적이었던 경험은 주로 외국에서 애국가를 들었을 때다. 특히 외국에서 한국어 교사들을 위한 연수회에서 특강을 할 때 듣는 애국가는 다른 어떤 순간보다 가슴이 벅차다. 기회가 된다면 한국어 교사의 연수회에 가서 직접 느껴 보라. 지역에 따라 특색도 있다. 이민의 역사가 오랜 곳일수록 가슴이 뜨거워진다. 어려운 시간들을 지나오면서 동포 아이들에게 한글을 가르치는 선생님들의 모습은 늘 감동적이다. 미국, 캐나다, 뉴질랜드, 동남아, 유럽, 중국, 구소련 지역의 연수회 모습이 눈앞에 또렷이 떠오른다. 같이 특강을 갔던 교수들의 눈에도 늘 눈물이 맺혔었다. 얼마나 타국에서 외로웠을까? 얼마나 힘들었을까? 얼마나 포기하고 싶은 시간들이 많았을까? 타국에서의 애국가는 마치 아리랑을 듣는 듯한 감동을 준다.

지난 17일 캐나다에서 열린 세계 피겨 선수권 여자

싱글 경기 시상식에서는 특별한 애국가가 울려 퍼졌다. 김연아 선수가 우승을 하였기에 태극기가 올라가고 애국가가 울려 퍼질 것이라 기대는 하고 있었으나 캐나다의 현지 합창단이 직접 한국어로 애국가를 부를 것이라고는 전혀 예상을 하지 못했다. 보통 우승자의 국가를 녹음된 음악으로 트는 것이 일반적임을 생각해 볼 때 캐나다 주최측의 정성이 느껴지는 순간이었다. 사람들을 기쁘게 하는 데는 아이디어와 정성이 필요함을 새삼 느끼게 되는 순간이었다. 우승할 만한 선수의 국가를 오랜 시간 연습하는 것은 쉬운 일이 아니었을 것이다. 특히 알지도 못하는 언어는 더 어려웠을 것이다. 캐나다 합창단 단원들에게 한국어가 친숙해졌기를 기대해 본다. 한국어를 배우고 싶어졌다면 더 좋고.

캐나다 합창단이 부른 애국가는 비교적 발음이 또렷하였다. 한 자 한 자 정확한 입모양과 발음에서 합창단의 연습량과 정성을 느낄 수 있었다. 한편으로는 한국어의 발음이 그렇게 어려운 것은 아니구나 하는 생각에 입가에 미소가 지어지기도 했다. 한국어 발음이 너무 어렵다고 불평하던 외국인 제자들의 모습이 생각났기 때문이다. 캐나다 합창단의 애국가를 한국어 교육 자료로 활용해야겠다는 생각이 들었다. 재외동포를 가르치시는 선생님들도 꼭 교육 자료로 활용해 보시라.

　　시상식 후 캐나다 교포를 비롯한 많은 재외동포들이 '한국어로 부른 애국가'를 듣고 가슴이 뭉클해졌다는 기사들을 접할 수 있었다. 사실 텔레비전을 보는 나도 눈가가 뜨거워짐을 느꼈었다. 하물며 캐나다 현지에서 그 장면을 마주한 사람들은 얼마나 행복했을까? 이국땅에서 동포도 아닌 사람들이 한국어로 우리의 국가를 불러준다는 것은 상상할 수조차 없는 일이었을 것이다. 그동안의 외로움은 해소되고, 조국에 대한 깊은 자부심이 생겼을 것이다. 앞으로 애국가를 부를 때면 한동안 캐나다에서 '한국어로 부른 애국가'가 생각날 것이다.

찾아보기

ㄱ

간디의 자서전 진리에 겸손하게 다가간 이 • 96
감동 주기 우리는 같은 사람이라는 것 • 194
감정의 고향 늘 나를 돌아보게 하는 곳 • 46
감정이입(感情移入) 아픔과 기쁨을 함께 느끼는 본성 • 157
값어치 세상에 필요한 내 가치 • 30
거짓 겉으로만 하는 것 • 72
고맙다 미안한 마음이 많아서 아픈 말 • 166
고해(苦海) 아름다운 소풍 • 234
관광(觀光) 빛과 어둠을 함께 보는 것 • 129
군사부일체(君師父一體) 부모가 많은 따뜻한 세상 • 137

ㄴ

나쁜 놈 내 죄를 알고 있는 사람 • 22
내 코가 석 자! 내 삶에 대한 깊은 고민 • 18
내면에 말 걸기 내게 새로운 울림을 주는 시간 • 170

넋 건짐 굿 위로와 치유의 울음 • 230
노후 준비(老後 準備) 필요 없는 게 좋은 것 • 108
느낌 아니까 우리의 오늘을 보여 주는 말 • 264

ㄷ

다이얼 추억 속으로 사라진 것 • 268
대화(對話) 알맞은 시간을 나누어 하는 이야기 • 198
덕담(德談) 외롭기 않기를 바라는 말 • 222
동네 목욕탕 추억 여행의 장소 • 100
따라하다 좋은 점을 닮아가는 것 • 84
띵! 핑! 찡! 작은 변화에도 민감한 우리말 • 276

ㅁ

말 같은 소리 소통이 안 되면 말이 아니라 소리 • 186
말을 듣다 몸과 마음이 들려주는 소리를 듣는 것 • 206
머리 영혼을 담고 있는 곳 • 249
문맹(文盲) 말로 하지 않아도 아는 사람 • 190
미치다 밑 치고 미치면 미칠 수 있다는 것 • 38

ㅂ

발이 넓다 아는 양보다는 아는 질이 중요 • 42
빨리 빨리 바쁜 부유함보다는 여유 있는 부족함 • 256

별 신비롭고 재미난 신화 • 116
빌다 주변을 감싸는 간절함 • 153

ㅅ

사이가 좋다 서로에 대한 관심이 필요한 사람 • 80
사투리 사라지지 말아야 할 언어 유산 • 292
생각 서로를 위한 마음 • 68
선생과 스승 인생의 마른 뿌리에 물을 주는 사람 • 141
선진국(先進國) 아름다워야 하는 나라 • 240
성(姓) 가문을 앞세우는 생각 • 284
숫자 우리가 생각하는 세상의 크기 • 288
쉬다 세상의 아름다움을 깨닫는 시간 • 14
스마트폰 헛똑똑이가 될 수 있는 전화 • 112
스펙(spec) 미래를 위한 경험 • 120
싫은 소리하기 믿음이 전제되어야 하는 말하기 • 210

ㅇ

아버지 외롭고 그리운 이 • 58
애국가(愛國歌) 나라를 사랑하며 불러야 할 노래 • 300
여행(旅行) 익숙한 것과 헤어지는 순례 • 133
욕(辱) 나쁜 사람에게 할 수 있는 작은 저항 • 260
원수, 원쑤, 웬수 사랑해야 할 사람, 사랑하는 사람 • 76
의사소통(意思疏通) 순리대로 상대와 공감하는 것 • 174

일 즐거워야 잘 할 수 있는 것 • 125
1등 어떤 때는 꼴찌가 더 좋은 것 • 252

ㅈ

자식(子息) 숨 쉬는 것만으로 기쁨인 존재 • 54
저녁놀 시간을 담은 따뜻한 빛 • 145
존경(尊敬) 서로를 하늘처럼 생각하는 마음 • 226
중학교(中學校) 평등하고 행복해야 할 곳 • 244
지옥(地獄) 싫은 것이 많은 곳 • 149
진짜 가짜 진짜인 척 하는 가짜 • 26
짜증내는 말하기 상처를 남기는 말하기 • 202

ㅊ

책(冊) 생각의 가시덤불을 없앨 무기 • 296
첫 설레고 애틋한 처음 • 50
최선(最善) 가장 착한 아름다움 • 34
친구 엄마의 목소리 들을 일이 없어진 소리 • 104
칭찬하기 장점을 살피는 관심 • 214

ㅌ

토닥임 힘든 어깨를 감싸주는 것 • 88
토론(討論) 배려와 비판이 조화로운 말하기 • 182

퇴계 선생 다른 이의 고통을 내 고통으로 느낀 이 • 92

ㅍ

편찮다 아픔에는 치료가, 편찮음에는 관심이 • 218
'피에타'와 '헬로 고스트' 부모가 있는 사람은 사람다워야 한다 • 62

ㅎ

하얀 찔레꽃 맑은 그리움으로 남은 향기 • 161
헐버트와 안중근 아름다운 세상을 꿈꾸었던 사람 • 272
화법(話法) 자신을 잘 나타내는 방법 • 178
'ㅎ'과 'ㅋ' 나를 보여 주는 글씨그림 • 280